AF137467

©2017, Jean Michel Wizenne
Éditeur : BoD - Books on Demand,
12/15 Rond-Point des Champs Élysés, 75008 Paris
Impression : BoD - Books on Demand, Allemagne

ISBN : 978-2-3220-8282-7

Dépôt légal : septembre 2017

Sommaire :

Avant-propos en 4 scènes et 1 déclic

1/ Montréal – Québec

Attaquant mon deuxième litre de café de la journée, condition de survie sinequanone pour un Marseillais au Québec en hiver, je discute avec un ami.
Ce dernier m'explique que le problème avec les autochtones, c'est qu'ils ne veulent pas s'intégrer. Je fais tourner dans ma tête la définition du mot "autochtone" et je me demande ce que peut constituer pour ces derniers, la notion d'intégration à leur propre territoire...

2/ Sioux Falls – Dakota du Sud – Pénitencier d'état

J'en suis à ma quatrième conférence en deux jours. Pendant les trois premières, les détenus Lakota m'ont écouté avec curiosité et dans un silence complet. Aujourd'hui, à leur surprise générale, j'ai décidé d'inverser les rôles.
Je leur demande de me considérer comme un extraterrestre, ne connaissant absolument rien de leur histoire et de venir à tour de rôle, s'ils le souhaitent, m'expliquer ce qui est le pire dans leur situation. Après quinze minutes de silence total, l'un d'entre eux se lève et se dirige vers le micro. Il est ensuite suivi par une vingtaine d'autres.
Jeremy "Pepper" Thin Elk, 21 ans : "J'ai une gueule de Sioux, j'ai un nom Sioux, je suis Sioux, mais je ne sais même pas ce que cela veut dire... Ils ont volé ma mémoire".

3/ Cimetière familial, au milieu de la plaine, réserve de Rosebud – Dakota du Sud

Je suis devant la tombe de Marvin Ted Thin Elk, dernier chef ou responsable incontesté et regretté du Clan des Thin Elk. Tout autour de sa tombe, je suis frappé par les patronymes inscrits sur les autres sépultures. Pinaux, Meynard, Pelletier, Archambault, etc.

Quelques heures plus tard à Mission, petite ville mitoyenne de la réserve, chez la fille de mon amie Wilma Janis Thin Elk :
Alyssia (8 ans) : Grand-mère, c'est quoi un homme blanc ?
Wilma : Tous les hommes qui ne sont pas Indiens
Alyssia : Jean Michel est un Indien aussi ?
Wilma : Non, Jean Michel ce n'est pas pareil, c'est un Français.

4/ White River, communauté de Horse Creek, Dakota du Sud.

Je m'apprête à assister à une messe en langue Lakota. Webster Two Hawk. Le pasteur qui officie a comme tant d'autres, subi l'acculturation par les pensionnats pour enfants. Il a cependant réussi à conserver les deux cultures.
Le centre communautaire est transformé en lieu de culte ponctuel et une dizaine de personnes se trouvent là, dans la chaleur intense de juillet et la semi-obscurité de la pièce artisanalement éclairée...

Wilma est l'assistante du pasteur. Considéré comme faisant partie de la famille, je lui pose une question sans détour : "Avec tout ce que les jésuites vous ont fait subir au pensionnat et ailleurs, comment se fait-il que vous pratiquiez aussi le culte chrétien ?"
Wilma : "Le message est bon, ce sont les prêtres qui n'ont rien compris".

À une époque où, en quelques " clics ", la plupart

d'entre nous ont accès à une véritable information, à la culture et au savoir nécessaire à l'émancipation, comment se fait-il que l'écart soit si gigantesque entre le génie d'un astrophysicien et l'abyssale bêtise d'un "reality-show" ?

Plutôt qu'une histoire impliquant une "vérité cachée", ne serait-ce pas la "volonté" qui est sapée ? La réaction qui est gérée ?

Le sens des mots qui est confisqué ? Comment se fait-il qu'au Moyen Âge, quand le paysan paye son impôt par la contrainte, en étant parfaitement conscient de la non-compassion du maître, aujourd'hui le citoyen de base vote pour ses oppresseurs ?

Quel programme d'entraves mentales peut maintenir la servitude, l'acceptation et l'ordre des choses, avec plus d'efficacité qu'une paire de menottes ?

Et pourquoi d'un autre côté, d'anciennes sociétés bien que mourantes ou à l'agonie, semblent posséder l'antidote à la substance hallucinogène qui nous maintient dans l'illusion ?

C'est en me remémorant mes expériences et tranches de vie parmi les indiens d'Amérique, que je me suis posé la question.

Le déclic

Paris, dans un café, je surfe sur les réseaux sociaux.
Je me vide la tête en faisant défiler les "posts" du chat qui pète, de la mariée qui se casse la gueule, d'une nouvelle décapitation et d'une énième notification d'invitation à "Candy Crush".
Je m'arrête sur une vidéo qui attire mon attention : un prêtre meurt à la fin de son Homélie. Voici le texte d'accroche de la vidéo : "Regarde ce prêtre qui meurt à la fin de son Homélie et revient vers Dieu. Toi aussi tu peux mourir à tout moment. Es-tu prêt ?"

C'est en constatant la négation du présent, la culpabilisation et la perversion de ce message, que j'écris "La Ligne et le cercle".

Introduction

Un journaliste interroge un ancien de chez les Lakota Sioux [1] :
- Le journaliste : Aujourd'hui, comment définiriez-vous la vie sur une réserve indienne ?
- L'ancien : Au sein de mon âme, il y a une guerre entre deux chiens. Un bon chien et un mauvais chien.
- Le journaliste : Lequel va l'emporter ?
- L'ancien : Celui que je vais nourrir.

Qu'est-ce qu'un bon chien ? Un mauvais chien ? Quels critères différencient l'attitude du bon chien de celle du mauvais ? Et surtout, le bon chien pour les uns est-il bon pour les autres ? Pour l'homme dont l'âme devient ce champ de bataille, pour l'individu à qui il reste assez de fierté, d'identité et de volonté pour ne pas se laisser dissoudre dans un solvant idéologique aux vertus autoproclamées civilisatrices, quelles sont les influences exercées par sa culture, son identité et la vision du monde qui en découle dans le choix du chien à nourrir ? Le chien le plus représentatif du juste choix, devra-t-il oublier d'où il vient, ce qu'il est et ce qu'il sait, afin de devenir l'honnête citoyen d'un monde où il ne sera plus personne ? Ou bien au contraire devra-t-il s'efforcer de garder vivace et par tous les moyens, le souvenir de ses ancêtres, de leurs histoires, de leurs combats, pour ne jamais perdre de vue que toutes les actions d'un homme se répercutent sur les autres ? Le bon chien obéira-t-il à la logique linéaire de la vision monothéiste et à l'acceptation d'une souffrance considérée comme essentielle à l'obtention d'une promotion dans l'au-delà ? Ou alors, percevra-t-il la vie sous un aspect circulaire et cyclique, déduit des lois d'une nature où la responsabilité de l'homme est tout sauf l'affaire des Dieux ? L'issue d'un tel conflit, le but ultime de ce combat, sera-t-il la sacralisation de l'un pour la quasi-destruction de l'autre ? L'annulation de A par B ? L'interaction entre les deux ? Comprendre l'état du monde aujourd'hui et le contexte de ce combat, évaluer les conséquences et les répercussions certaines qu'impliqueront nos décisions, commence par l'identification des forces œuvrant sur ce champ de bataille. Je pourrais, partant de là et sans pouvoir être exhaustif, m'enliser immédiatement dans une comptabilité sans fin des réalisations passées ou des innombrables méfaits que l'on impute volontiers par la sentence automatique à cette "Nature Humaine". Or, je pense sincèrement que ce concept de nature humaine et les très nombreux débats qu'il suscite ou a suscité, sont à l'intellectuel ce que la "Foir'fouille" est au bricoleur. Un formidable terrain de doutes, d'hésitations et de spéculations, où tout peut être comparé, apprécié, déprécié, réhabilité, et finalement abandonné à souhait, sans pour cela qu'il y ait eu véritable coup de théâtre... Ce faux débat constitue aussi le terrain de prédilection sur lequel ne manquent pas de vous attirer tous les anti-libertaires, quand ils veulent se défiler en justifiant le hiérarchisme, l'autorité et les structures du pouvoir. C'est d'ailleurs une bonne manière d'éviter toute réponse cohérente á la question que voici : "Permettez-moi, Messieurs les adultes responsables, mais en tant que socialistes libertaires et donc en tant qu'individu étant frappé d'illusions infantiles, je vous demande par quel concours de circonstances, ce formidable système produit de votre bienveillance nous a conduit plus sûrement que lentement vers ce nihilisme abject ?"

Revenons à l'identification de ces forces. Avez-vous en tête ces images de foules exclusivement masculines, hurlant des slogans religieux plus clamés comme des menaces ou des promesses de violences, que comme des invitations à la paix ? Avez-vous vu tous ces visages cramoisis de pseudo émotions, masquant difficilement cette constante pulsion de mort en réponse à la frustration ? Avez-vous aussi vu ces masses de fidèles et de pratiquants, souvent issus de milieux modestes, manifester cette joie intense à la vue de la fumée blanche symbolisant l'avènement de celui qui sera pour un temps, l'intercesseur auprès de Dieu de leurs malheurs, de leurs douleurs, bref de leurs souffrances terrestres ? Mais qui pour ce même temps sera accessoirement responsable de l'un des plus gros pécules mondiaux, dont la charité des fidèles (du point de vue du montant) ne constitue que les pourboires ! Avez- vous vu, pour finir, l'opportunité de passer un petit moment, pour la culture ou pour la gloire que cet effort représente, devant une chaîne TV consacrée aux prêcheurs en Amérique ? Si oui, vous avez pu constater que les délires mercantiles associés aux textes sacrés sont souvent les fondements de quelques doctrines originales. Je me souviens d'ailleurs d'une anecdote à ce sujet, qui remonte à mon dernier séjour au sein de la colonie américaine. C'est en regardant un prêcheur qui avait excité ma curiosité en arborant sur sa carte de visite la mention de sa double fonction "Prêcheur et Conseiller fiscal personnel" que je décidai de m'informer sur sa vision du monde. C'est devant une foule d'individus béats, dont le singulier en son sein faisait plutôt penser à une barrique de pop-corn humidifiée par du Pepsi, qu'à un héros hollywoodien, que j'entendis avec stupéfaction, mais non sans une admiration certaine pour le culot déployé, qu'il n'y avait nulle contradiction dans l'accumulation des biens, puisque Jésus lui-même avait multiplié les pains...

Comment, partant de là, ne pas considérer les dérives idéologistes, la transformation des messages et les interprétations douteuses liées à l'histoire des monothéismes, comme des facteurs primordiaux agissant sur le comportement de l'homme ? Comment, si ce n'est par ce biais, expliquer l'improbable trajet qui mène de la tolérance à la décapitation ? De l'amour du prochain au suprématisme génocidaire ? De la notion d'égalité de tous les hommes devant Dieu, à la hiérarchisation de l'humain sur la base de ses croyances ? D'ailleurs, si on se penche sur le phénomène actuel de retour aux idéologies religieuses les moins souples, on peut facilement et sans examen minutieux se rendre compte que dans la plupart des cas, cet acte est moins le fruit d'un jaillissement de lumière que d'une réaction à un profond ressentiment. Aujourd'hui, les médias nous vendent l'intégrisme comme un mal de notre époque, alors qu'il suffit de se pencher un minimum sur l'histoire des religions pour se rendre compte que les factions extrémistes ont toujours été de la partie. Les problèmes à ce jour, pour reprendre ce que j'écris plus haut, ce ne sont pas les courants extrémistes, mais les gens qui s'y réfugient.

Ce sont en effet ces individus pour lesquels la société actuelle ou plutôt la "non-société" n'apporte aucune réponse valable ou cohérente à leurs questions existentielles, qui vivent le radicalisme non pas comme une condition préalable à un désir d'élévation, mais simplement comme vengeance en réponse au ressentiment, comme suicide intellectuel en réponse à la confusion. Voilà comment le traumatisme dû à l'usinage mental produit depuis de nombreux siècles, offre à l'individu en proie à ses contradictions toxiques, le choix d'un nouveau traumatisme comme désintoxication : c'est la saignée pour l'hémophile.

Si j'ai employé ces termes de "contradictions toxiques" et de "désintoxications", c'est simplement en référence au poète et activiste John Trudell [2] de la tribu des Santee Sioux, auquel je me référerai encore un peu plus loin dans l'exposé. Il part simplement du principe que toute forme d'usinage, de calibrage, de formatage qui soit forcé ou contre nature, créait invariablement des déchets dont le traitement devient alors une nouvelle problématique à traiter.

Avant d'aborder le thème de la ligne et du cercle, c'est-à-dire de l'influence sur le comportement humain que peut avoir la vision linéaire du monde pour les monothéistes, ou la vision circulaire pour la plupart des religions Amérindiennes, je voudrais attirer l'attention sur une forme insidieuse de comportement humain, qui vient parasiter et altérer le jugement de la plupart des personnes ayant grandi dans un contexte monothéiste et plus exactement pour cet exemple, occidental et chrétien. En effet, l'expansionnisme territorial par la conquête qui a caractérisé l'Occident et sa propension au suprématisme par l'imposition de sa culture, sa religion, sa société, nous a longuement placés au rang d'une sorte de nouveau peuple élu, dont la destinée manifeste était légitimée par Dieu. En conséquence aujourd'hui, et même si pour beaucoup il sera difficile de l'admettre, il est extrêmement compliqué de se placer de manière neutre quand on étudie ou que l'on essaye de comprendre les comportements liés aux autres cultures. Même si je considère que la neutralité est un état inatteignable, il est néanmoins périlleux quand on observe le bout du monde, de ne pas se placer par réflexe sur le piédestal du "peuple qui a découvert" les autres... Un peu comme si ces derniers avaient commencé à penser seulement à notre arrivée. D'ailleurs, la formule "la découverte de l'Amérique" est un sujet de plaisanterie pour les Amérindiens qui, en parlant du passé, préfèrent dire : "avant que nous découvrions Christophe Colomb". Bien sûr, quand je parle de ce réflexe, je ne fais pas du tout allusion à ce désordre émotionnel qu'illustre le paternalisme, mais à un phénomène beaucoup plus fin, qui a parfois induit en erreur ou altéré les réflexions de grands penseurs. Je vais maintenant étayer mes propos par quelques exemples concernant directement le sujet des religions que je développerai plus tard. Toutefois, je voudrais d'abord rappeler que de par leur statut de religions "valides", les trois monothéismes disposent même d'une reconnaissance supplémentaire par l'importance donnée à leurs détracteurs qui se voient affublés d'une terminologie spécifique : "Christianophobe, Islamophobe, Judéophobe". Un Indien Sioux, lui, aura affaire à un anthropologue. Dans la plupart des cas, cet individu considèrera d'ailleurs en savoir plus sur l'indigène que ce dernier. À ce sujet, Vine Deloria [3], philosophe Sioux Lakota que je ne manquerai pas de citer à nouveau, écrit un très bon chapitre avec l'humour qui le caractérise, sur les relations Amérindiens / Anthropologues dans son excellent ouvrage "Custer died for your sins". Il y relate que tous les étés, sur les différentes réserves, arrivent les anthropologues. Reconnaissables à leurs tenues dans un style Indiana Jones, sacs à dos mal répartis - caméscopes et dictaphones, Vine Deloria fait remarquer que ces derniers n'ont jamais ni crayons ni papiers, car ils viennent simplement dans le but de constater que ce qu'ils ont théorisé dans leurs articles et leurs essais durant leurs travaux d'hiver, s'avère simplement être vrai. Mais ensuite, c'est-à-dire l'hiver d'après, ils devront alors s'appliquer à théoriser encore sur d'autres aspects de l'homme rouge, de manière à obtenir les subventions nécessaires à une nouvelle immersion dans ce monde primitif quelque part à l'ouest de New York. (Être payé pour avoir raison chaque année laisse entrevoir un aspect cousin de la politique pour certaines formes d'anthropologie).

Pour revenir maintenant aux exemples de ce comportement réflexe qui a pu induire en erreur même certains grands penseurs, je voudrais commencer par un extrait de la correspondance entre le philosophe scientifique Gottfried Wilhemn Leibniz [4], et le théologien protestant Friedrich Wilhelm Bierling [5]. Dans sa lettre à Leibniz du 3 décembre 1710 [6] concernant les écrits du Baron de Lahontan [7] sur les sociétés amérindiennes sans états et dont je parlerai largement dans les chapitres suivants, le théologien Bierling pose la question suivante : "Je désirerais, si cela ne te dérange pas, que tu demandes à Monsieur de Lahontan si l'on peut trouver également en Amérique, comme le soutiennent certains récits de voyage, des populations athées, privées de toute idée de Dieu et de religions et quelles seraient alors leurs mœurs et leurs façons de vivre. Tu sais, illustre ami, à quel point Pierre Bayle [8] a discuté cette question dans ses "Pensées sur la comète", afin d'ébranler l'idée de la croyance universelle des peuples en Dieu".

Dans cette correspondance qui regroupe plusieurs lettres, ce qui intéresse en premier les deux hommes, c'est la question de la découverte de sociétés sans état dans les nations amérindiennes, ce qui est du domaine de l'impensable avant les témoignages écrits par les premiers explorateurs. Leibniz écrit d'ailleurs à ce sujet : "c'est un miracle politique inconnu d'Aristote et ignoré par Hobbes [9]". Mais ce qui intéresse encore plus le théologien Bierling, c'est de savoir si des peuplades sans religion parviennent à s'organiser. Il faut se souvenir que non seulement à l'époque, mais d'ailleurs même de tout temps, un des thèmes de prédilection dans les débats philosophiques concernait la question de l'éthique et de la morale comme étant de source Divine ou inhérentes à l'évolution de l'homme. Ce qui est très important pour la suite et qui m'intéresse tout particulièrement, c'est la réponse de Leibniz dans sa lettre du 30 janvier 1711 (Lahontan ayant été absent, Leibniz donne son propre avis). "Je pourrais répondre moi-même que les habitants d'Amérique du Nord chez qui il s'est rendu ont quelques intuitions des puissances invisibles". Il est évident que nous pouvons imputer cette erreur à la méconnaissance du sujet à l'époque, mais il est tout de même intéressant de noter que, cet "invisible" dont il parle, ne portant ni le nom d'Allah, ni se référant à Jésus, n'est d'emblée considéré que comme une intuition. C'est d'ailleurs ce qu'il confirme dans la suite de sa réponse : "D'ailleurs, si l'on entend par le nom de Dieu la substance suprême, je crains que la plupart des peuples anciens ou nouveaux, que ni la religion chrétienne ni la religion mahométane n'ont atteints, ne doivent être considérés comme athées." Nous voyons donc par cette réponse, que le fait de se placer du point de vue d'un peuple ayant été "atteint" par l'un des deux monothéismes qu'il mentionne, le place dans une position d'où il peut, d'autorité, qualifier le rapport à l'invisible entretenu par les Amérindiens de simple "intuition". La donnée erronée induite par ce raisonnement réflexe que je peux mettre en exergue, l'empêche en fait de considérer de manière globale le phénomène qui l'intéresse, à savoir, ces sociétés sans état. À ma connaissance, il faudra d'ailleurs attendre le 20ème siècle et le philosophe Vine Deloria, pour finalement comprendre que la forme de société adoptée par la plupart des tribus d'Amérique du Nord, était intimement liée à leur forme de religion.

Pour revenir à la lettre de Bierling, nous avons pu voir qu'il faisait référence à Pierre Bayle dans la partie de sa question concernant l'éventualité de sociétés athées. En effet, Pierre Bayle est un des premiers à avoir dégagé les doctrines morales de toute base religieuse. Voyons un extrait de l'un de ses textes : "le simple fait de professer certaines formules ou même de croire sincèrement à la vérité des dogmes religieux ne suffit pas à donner à l'homme la force de leur obéir. C'est pourquoi toutes les religions joignent à la doctrine, la crainte d'un châtiment pour la non-observation de leurs prescriptions." Nous pouvons bien voir là que Bayle se réfère à un aspect coercitif que nous savons indissociable des idéologies découlant des trois monothéismes. Si Bayle avait considéré que la nature est le fonctionnement de la plupart des religions amérindiennes et leur fonction sociétale, il aurait certainement ouvert une autre enquête.

Pour finir, je voudrais revenir sur une remarque que fait Bierling au début de cette même lettre : "si je ne me trompe pas totalement, Hobbes a raisonné de manière juste d'après l'examen de la condition de ces peuples qui veulent se déclarer plus civilisés. Quant à ces barbares, pour leur bonheur ou leur malheur, ils ne connaissent ni ta condition, ni la mienne, ni d'autres causes de maux, tant il vaut mieux ignorer les vices, que de connaître les vertus". Nous pouvons donc constater que Bierling est sur la bonne voie pour comprendre ces sociétés sans état et que l'élément qui lui manque, c'est la considération de ces "intuitions sur l'invisible" comme véritables religions, afin d'en comprendre les influences primordiales sur les sociétés amérindiennes. Mais alors, vous me direz qu'à l'époque ces penseurs n'avaient pas toutes les connaissances nécessaires à cette déduction. Alors, continuons. Près d'un siècle et demi plus tard, Lewis Henry Morgan [10] qui est considéré comme le père de l'anthropologie écrit un livre sur l'organisation de la société iroquoise. Il a alors l'opportunité de pouvoir y être en immersion et, de fait, en fait une description minutieuse et précise. Cependant, en ce qui concerne leur religion, il n'approfondit pas vraiment autant que pour les autres domaines. Bien que Morgan soit loin du style d'anthropologues contemporains décrit par Vine Deloria, il me semble que si je m'en tiens à sa description des croyances iroquoises, il est lui aussi victime du syndrome de "ceux qui ont été atteints par la religion chrétienne et mahométane". En effet, Morgan décrit, presque sur un ton satisfait, une sorte de monothéisme de base comportant l'équivalent d'un paradis et d'un purgatoire (ou d'un enfer), doublé d'un culte de la nature. Or, il omet un élément primordial lié à la particularité de la plupart des religions amérindiennes d'Amérique du Nord, c'est l'absence d'importance donnée à la création de l'homme et encore moins à celle d'un jugement dernier. Nous verrons cet aspect crucial dans la comparaison des deux formes de visions dans le chapitre suivant. En ce qui concerne ce qui pourrait constituer des analogies entre la religion iroquoise et le Christianisme, il y a une donnée essentielle que Morgan ne prend pas en considération. En 1851, lors de son immersion iroquoise, cela fait déjà près de deux siècles que le christianisme a commencé à être propagé et s'est introduit dans les croyances de différentes tribus. À cette époque d'ailleurs, un certain nombre d'Iroquois se sont christianisés et sédentarisés dans les environs de Montréal. Si j'ai employé la formule "s'introduire dans les croyances ", c'est en référence à la manière qui a été employée. Pour en comprendre les conséquences, il faut avoir à l'esprit que ce sont en grande partie les jésuites qui ont propagé le christianisme dans les différentes tribus. Or, la technique des jésuites est celle de l'observation, de l'analyse et de l'action. C'est ainsi que ces derniers commencent par déceler les passerelles qui peuvent être établies entre christianisme et religions indigènes, pour s'en servir de bases. Il faut reconnaître au catholicisme sa faculté d'adaptation à ce qu'il nomme paganisme, de par le concept de la trinité qui peut s'apparenter à la présence de plusieurs divinités, ainsi qu'avec l'importance donnée à l'invocation des Saints, qui peut elle-même passer pour l'invocation des esprits ou entités propres aux religions indigènes. La première étape consiste souvent à faire entrer le Dieu chrétien comme un esprit parmi les autres. Ensuite, le jésuite, dont le but est de remplacer le "Médecine man", en devient un lui-même dans sa capacité d'interprétation de l'au-delà et des forces invisibles. En outre, sachant comme nous le verrons plus tard que la culture amérindienne, dans un souci d'harmonisation du Tout, absorbe les différences pour les faire siennes, il n'est pas éton-nant que Lewis Henry Morgan ait été confronté à des analogies. Tout réside dans le fait qu'il s'en soit contenté et qu'il en ait tiré des conclusions incom-plètes.

Une quarantaine d'années plus tard, en lisant les notes de Marx à propos du livre de Lewis Henry Mor-gan "Ancien Society", Engels [11], qui écrit "Les origines de la famille, de la propriété et de l'état", passe lui aussi très rapidement sur la question de la religion iroquoise : "C'est un culte de la nature et des éléments qui évo-lue vers le polythéisme". Il est certain que simplifier les croyances iroquoises en ces termes, ne permet pas d'appréhender l'étroite relation entre vies quoti-diennes, organisation sociale et religion. Pour parler aussi de sémantique, même si certains diront que je chipote, quand il affirme "la société iroquoise est une société marxiste réalisée", il faudrait plutôt dire en prenant en compte la grande antériorité de la société iroquoise sur les idées marxistes, "une société mar-xiste réalisée ressemblerait à une société iroquoise, à la différence que cette dernière ne sépare pas le sacré du quotidien". Ce point de vue sur lequel j'insiste et qui peut paraître un détail a pourtant bien souvent altéré le jugement de l'observateur venant du "peuple qui a découvert". C'est d'autant plus vrai en matière de religion amérindienne, où la non-considération systématique de tout ce qui n'était ni Christianisme, ni Islam, a fait occulter l'importance capitale des croyances indigènes dans l'élaboration et l'évolution de leurs sociétés sans État.

Je pense aussi que l'athéisme virulent ou la radicale anti-religiosité de certains marxistes, anarchistes ou communistes, viennent plus souvent d'un ressenti-ment puissant ou d'une réaction réflexe face à l'histoire de nos monothéismes, à leur aspect coercitif et à leur constante collaboration au système, qu'à une réflexion profonde sur le monde et son au- delà. Je pourrais même ajouter que dans bien des cas, la réflexion sur l'invisible se construit sur la base même de ce réflexe. Pour ne pas porter d'intérêt aux autres formes de religions et de spiritualités et à ce qu'elles peuvent impliquer quant au concept de société, il faut, en affirmant son athéisme par le rejet du monothéisme, avoir l'impression par ce seul acte de tout rejeter à la fois. Ce qui revient de fait à valider le suprématisme des monothéismes dans la conception du monde et de l'invisible.

Je vais maintenant ajouter un exemple qui cette fois n'implique pas le thème de la religion. Je voudrais par la prochaine remarque inciter les férus d'histoire à toujours faire très attention au rôle de la sémantique. Ceci particulièrement quand les faits qui sont relatés le sont par un observateur issu du "peuple qui a découvert".

En 1687 dans la région de Québec, à une époque de tension entre les diverses tribus alliées aux Français, le chef Hurons Kondiaronk [12], qui avait pour surnom "Le Rat", établit un pacte d'alliance avec le gouverneur français. La base de cette fidélité entre Le Rat et Denonville [13] réside alors dans la promesse d'une guerre continuelle contre leurs ennemis communs, c'est-à-dire les Iroquois. Et c'est donc fort de cet accord que Kondiaronk décide en 1688 de monter une expédition guerrière en territoire ennemi. À son arrivée au fort Frontenac, frontière du territoire, c'est avec stupéfaction qu'il écoute le commandant de la place lui annoncer que Denonville a finalement changé d'avis en ce qui concerne les Iroquois.

Une délégation représentant ces derniers est d'ailleurs attendue d'un jour à l'autre, pour entamer les pourparlers visant à un accord de paix. Le Rat qui accuse le coup ne peut pas s'en tenir là. Il décide donc de tendre une embuscade à ladite délégation. Une fois ces derniers piégés et après une échauffourée, il leur fait croire que tout ceci n'était qu'une idée des Français qui n'avaient jamais eu en tête l'établissement de la paix. Montant ensuite un stratagème visant à entretenir la plus profonde confusion, il réussit par ce biais à déclencher à nouveau une période d'hostilité.

Quelles que soient les sources officielles faisant part de cet épisode, vous trouverez toujours systématiquement l'emploi de la formule suivante : "La trahison de Kondiaronk". Par contre, en ce qui concerne le fait que Denonville ait décidé dans le dos de son principal allié de négocier avec leur ennemi commun est simplement qualifié de "changement d'avis"... En conclusion, que ce traitement de l'histoire soit dû à une volonté, ou aux effets d'un formatage, comment ne pas y détecter cette hiérarchisation de valeur entre l'indigène "païen" et le "Chrétien qui le découvre" ?

Je vais maintenant entrer un peu plus dans le vif du sujet. Mais au préalable, je voudrais donner la définition de deux termes ou formules que j'emploierai régulièrement tout au long des chapitres suivants. Les formes dans la vision du monde. Par visions du monde, j'entends toutes religions, spiritualités ou philosophies qui tendent à expliquer le monde, l'au-delà et le sens de l'existence. Par formes, j'entends la ligne et le cercle. Le linéaire avec son début et sa fin. Le circulaire avec son éternel retour. Le linéaire basé sur le temps, l'histoire et le développement. Le circulaire basé sur l'espace et le cycle. Le linéaire vers l'unité. Le circulaire vers l'harmonie. Le linéaire des monothéismes. Le circulaire des religions amérindiennes. Pour revenir à notre champ de bataille et aux troupes qui s'y affrontent aujourd'hui, mais aussi pour mieux comprendre la mentalité et le comportement des leaders, combattants, résistants, collaborateurs, prisonniers, victimes et spectateurs du système directement ou indirectement impliqués, il me semble essentiel dans l'identification des influences qui s'y exercent d'y mesurer l'impact de la vision monothéiste, de son concept linéaire et plus particulièrement de l'idéologie chrétienne. Pour en faire ressortir certaines particularités, je ferai ensuite un parallèle avec la vision du monde inhérente à la plupart des religions indigènes d'Amérique du Nord et de leur vision circulaire du monde.

La ligne - Le calibrage - L'uniformisation

En ce qui concerne le christianisme, il me paraît indéniable que l'interprétation, la transformation et les divers remaniements et adaptations d'un message qui, à l'origine, se voulait porteur de justice, en une idéologie radicale, coercitive, auto estampillée universelle et destructrice d'identité, n'a pu qu'influencer, altérer, voire entièrement codifier le comportement des individus. Préparer le terrain par le doute, obtenir l'amour par la crainte, l'obéissance par la peur, fut la base du "market plan" de l'idéologie chrétienne. Ainsi, l'imposition d'un système de pensée complètement binarisé par le classement radical des actes pensés et désirs en deux catégories distinctes, opposables et inverses, a grandement contribué à contraindre l'individu à évaluer toute chose via les critères du livre. Quand ensuite ce système devient une religion d'État, où le fait d'être chrétien est la condition première à l'obtention des droits de base, c'est le concept de l'entonnoir vers l'uniformisation. Une espèce de péage inévitable sur les chemins de l'évolution, avec la mauvaise surprise lorsque la barrière se lève, de n'y découvrir en fait qu'une seule direction. Un entonnoir certes, mais un entonnoir dont la partie la plus étroite est paradoxalement positionnée vers le ciel. C'est-à-dire vers le lieu qui est justement le plus large. Quant au recours systématique à une réaction programmée par la crainte du châtiment, là où la réflexion logique propose une autre alternative, il n'a pu être qu'obtenu par cet usinage mental nécessaire à un calibrage. Si j'emploie le mot calibrage, c'est dans le but de souligner que pour les monothéistes et notamment le christianisme, un bon profil doit être atteint avant le jugement dernier. À noter aussi en passant que vouloir être jugé ou pas, bénéficier d'un avocat, ou bien tenter d'invalider les éléments sur lesquels se basent les chefs d'accusation, n'entre pas en ligne de compte. Pour revenir au calibrage et aux ajustements qu'il implique, il faut bien garder à l'esprit que le concept qui revient sans cesse est celui de la soumission. Ainsi, sans vouloir m'inspirer d'un machiavélisme de base, je crois pouvoir émettre l'hypothèse, sans prendre trop de risques, qu'une idéologie religieuse qui transforme un cri de révolte en recueil d'injonctions divines et qui à la peur et au doute qu'elle a elle- même insufflé, s'impose comme seul remède et détentrice de l'antidote, ne peut être responsable que d'un grand nombre d'illogismes et de comportements néfastes.

La démission par le livre

Quand on réduit le sens de l'existence à un livre aussi épais soit-il, quand on oblige l'individu à tout reconsidérer au travers d'un prisme imposé et qu'en plus de ça, les textes donnent souvent l'impression d'avoir plutôt été écrits pour servir dans un tribunal que pour l'ouverture d'esprit, on ne parvient pas à savoir si l'on doit classer ce livre dans le rayon philosophie ou la section législation. Surtout qu'en revenant à la base du message originel de celui que je considère comme le premier anarchiste, et en jetant un œil ensuite aux discours de ce St Paul qui passent de Juif à Chrétien suite à un choc à la tête, on peut simplement se dire qu'après avoir fait valider la côte d'Adam comme provenance de la femme, ils n'ont plus douté de grand-chose... En fait, quand on se penche ensuite sur l'histoire de l'église, de ses agissements, de ses alliances, on est plutôt enclin à croire que le christianisme que nous connaissons s'apparente plus à Paul de Tarse [14] qu'au message de Jésus-Christ. C'est ensuite par la proclamation de cette forme de christianisme au rang de religion d'État que Constantin [15], par cet acte, donne le vrai coup d'envoi de ce programme de formatage. Pour résumer le scénario de cette intrigue millénaire politico/spirituelle, je dirais qu'à l'instar de ce schéma qui allait se répéter maintes fois tout au long de notre histoire, l'anarchiste se fit doubler par la gauche traditionnelle, dont le but fut de négocier l'exclusivité éternelle du rôle de moralisateur et laissant à la droite au pouvoir l'aspect pratique et régalien intrinsèque au nouveau message.

Pour revenir au livre et à ce que j'appelle démission, ou plutôt double démission, comment pourrait-on qualifier pour des gens étant censés vouloir comprendre le monde, le fait d'invalider, voire de combattre par tous les moyens toute idée proposant une alternative à un texte qu'ils ont eux-mêmes sanctifié ?

Ou bien le fait paradoxal qui dans un souci d'universalisme, considère comme hérésie l'idée que d'autres
peuplades faisant partie de l'univers ayant été créé
par Dieu, aient pu elles aussi avoir d'autres formes de
révélations par d'autres formes de religions ? Je me
souviens d'ailleurs d'une phrase dans le livre de Dee
Brown, "Enterre mon cœur à Wounded Knee" [16], ouvrage qui relate la conquête de l'Ouest, mais vue du
côté des Indiens.

Dans le passage dédié à l'histoire des Indiens
Chumash [17], basés en Californie, nous pouvons lire la
remarque d'un ecclésiastique y ayant été envoyé, et qui
se résume à peu près de cette façon : "Je n'ai jamais
connu de peuple plus souriant, respectueux, généreux,
et de cette bonne humeur constante, dommage qu'ils ne
connaissent pas Dieu..."

L'histoire nous apprend ensuite qu'au bout de
quelques années et à force de violence subie au cours
des conversions forcées, les Chumash avaient presque
disparu de la surface de ce globe créé par le Dieu
d'amour. Vous excuserez mon ironie, mais comment
peut-on arriver à un tel niveau de démission en ce qui
concerne la raison ? Dans le même sens, comment ne
pas avoir le vertige quand on pense au nombre
d'ouvrages, de pièces d'art, ou d'autres témoignages
matériels illustrant l'expérience mystique acquise par
d'autres religions, ayant été ignorés, détruits ou
cachés ? Et encore pire, ayant été transformés et
"normalisés" selon les critères d'acceptabilité nécessaires à la seule vision validée ? Comment alors considérer cette profonde incohérence venant, je le répète
encore, d'hommes étant censés spéculer sur le sens de
notre existence, autrement qu'une démission ? En ce
qui concerne l'appréhension exclusive du monde au
travers des filtres du livre, nous verrons plus loin
dans le texte, comment il existe encore aujourd'hui un
débat sur le sujet qui oppose dans le christianisme
théologie de la libération et théologie du peuple.

Pour revenir au livre, mais cette fois du point de vue de

ceux à qui il est imposé, je peux tout de suite pointer ce qui à mon sens relève de la plus grave conséquence. Basé sur une théorie qui fait de notre dimension actuelle une simple et unique étape avant la "vraie vie" éternelle, l'édification d'un système de strictes régulations inapplicables au quotidien si on les pense universelles, jette une confusion certaine dans l'esprit de l'individu. La première notion qui est touchée à mon sens, c'est celle de la responsabilité personnelle face à une prise de décision. Si face à une situation donnée il faut, en plus de l'analyse, prendre en compte les critères du livre qui font de la décision prise un bonus ou malus céleste, et qui dans nombre de cas s'opposent à l'aspect évident de la décision du moment, quelles logiques dans ce cas l'individu doit-il choisir ? Le fait pour cet individu de ne prendre en compte que les critères d'un texte qu'on a validé à sa place et qui replace bien souvent les expériences personnelles au rang de convictions erronées, n'illustre-t-il pas une parfaite démission quant à la responsabilité personnelle ? Souvent associées à cette démission, la fatalité et la passivité font subir le présent comme une épreuve obligatoire, plutôt que comme un terrain sur lequel il est possible d'agir. Je reprendrais la phrase d'Alfred Taïaïake [18], écrivain de la tribu des Mohawks : "L'église a fait accepter de force l'éthique biblique de la souffrance et a normalisé l'oppression dans la recherche d'une rédemption transcendantale plutôt qu'immanente". Ceci me permet d'introduire la notion des trois capteurs, issue d'une théorie défendue par le poète John Trudell. Pour ce dernier, comme je l'ai déjà stipulé dans l'introduction, tout formatage contre nature de la matière, crée automatiquement des déchets "toxiques", qui deviennent à leurs tours problématiques dans leurs gestions par la nature puisque inconnus de celle-ci. Il en est de même pour l'être humain et l'usinage mental auquel j'ai déjà fait référence. John explique que les déchets qui en résultent et les désordres qu'ils occasionnent se manifestent par une surstimulation des trois émotions suivantes : le doute, la crainte et la peur. Inculqués aux êtres humains dès leur plus jeune âge par un organe religieux autoritaire inévitable, l'intensité avec laquelle vibreront ces trois capteurs influencera constamment toute prise de décision. En tant que détenteur de l'exclusivité spirituelle, c'est encore ce même organe religieux qui, tout au long de la vie de l'individu usiné, se présentera à lui comme le seul régulateur de ces distorsions tendancielles. Partant de là, nous sommes en droit de nous poser quelques questions... Qu'arrive-t-il au singulier ? À son expérience personnelle ? Aux conclusions qu'il en tire selon sa culture ancestrale ? À l'impact de son environnement naturel sur sa façon de voir les choses ? Aux éléments de sa logique qui définissent "Sa" pensée ? En bref, qu'arrive-t-il à cette immense diversité qui caractérise un monde ayant été créé par un "Dieu" que les représentants terrestres s'échinent à vouloir modifier ? Pour intégrer un peu plus les raisons d'un tel comportement, il faut maintenant y ajouter un nouvel élément, celui du "temps et de l'histoire", celui de la vision linéaire.

En dernier, le jugement

Une des différences primordiales entre le monde monothéiste et la plupart des religions venant d'Amérique du Nord, réside dans le concept d'une histoire qui va finir, d'un monde qui va disparaître, d'un peuple qui va être jugé. D'ailleurs, s'il y avait rétrospective de toutes les annonces de fin depuis plus de deux mille ans, force serait de constater que certains avocats célestes usent du droit de cassation...

C'est cette vision linéaire, où l'accent est d'abord mis sur la création du monde et ensuite encore plus sur sa finale destruction, qui est la cause principale de nombreux comportements adoptés par tous les peuples ayant été formatés aux idéologies biaisées qui ont supplanté le message. Il me paraît évident que de considérer le monde comme voué à une destruction qui pourrait être imminente, induit une notion d'urgence et de course contre le temps. On pourrait alors se dire qu'en connaissance de cause, la plupart des individus essayeraient d'optimiser leur vie, mais ce serait oublier la comparution finale liée au jugement dernier.

Si nous faisons un parallèle entre les deux modèles suivants :
- Le monde : création - existence - destruction - éternité
- L'homme : naissance - vie - mort - éternité
Et que nous y ajoutons un modèle législatif considéré comme le "must" en matière d'efficacité, à savoir :
- Jésus : apparition - vie et persécution - martyr - bonus pour l'éternité.

Nous obtenons finalement pour les riches et les puissants, un cahier des charges qui ne bouleverse pas vraiment l'ordre des choses et pour les plus démunis un présent sur terre qui, même si difficile à gérer, représente un bon espoir pour une promo post mortem. D'ailleurs combien d'expressions dans le langage populaire, ou l'espoir dans l'obtention d'un "meilleur", quel qu'en soit le domaine, sont basées sur l'image ou la métaphore promettant la récompense à la fin de l'histoire ?

Quoi qu'il en soit, pour ces deux classes d'individus et à partir du moment où ces derniers ont embrassé de gré ou de force cette vision de l'existence, le présent sur terre ne représentera qu'une étape à vivre pour les uns et à subir pour les autres. Il est très instructif aussi de constater les premiers effets de la conversion des "païens" en ce qui concerne l'Amérique du Nord. Je lisais à ce sujet dans l'ouvrage de Gilles Harvard [19] et Cécile Vidal [20], "Histoire de l'Amérique Française" [21], les descriptions de comportements adoptés par des nouveaux convertis, Hurons, Iroquois ou autres. Les images sont toujours les mêmes. Scènes de mortifications, de punitions auto-infligées, de dénigrement du corps, etc. Tout cela pour la raison que vous avez bien sûr devinée : la peur du jugement dernier. Tout cela était évidemment rattaché au souhait d'expier urgemment les péchés qui leur étaient jusque-là inconnus, avant qu'on leur ait inculqué cette constante notion de culpabilité. Je ne sais pas si, partant de là, leur mort fut plus sereine, mais en tout cas leur vie beaucoup moins. En tout cas, ce qui se dégage de ces premières constatations, implique que pour convertir un individu à cette vision des choses, il faut d'abord lui inculquer le doute sur sa réalité, la crainte d'être jugé et la peur de brûler pour l'éternité.

Pour revenir à cette notion de temps, d'histoire et donc d'urgence avant le jugement, nous pouvons faire le parallèle entre la conquête de l'âme du singulier pour qu'il soit prêt avant sa mort et la conquête du monde avant sa destruction finale. Comme le fait remarquer Vine Deloria, "Il semble que l'histoire européenne soit calquée sur celle du christianisme de Bethléem à Los Angeles". Il est vrai que les deux histoires se soutiennent l'une l'autre, et que les peuples européens, forts de cette idéologie, ont de fait endossé le rôle de nouveau peuple élu, réalisant le dessein de Dieu dans une destinée manifeste. Avant de passer à la suite, je vais finir par quatre questions que je laisserai en suspens (pour le moment). N'avez-vous pas l'impression en tant qu'Occidentaux que toute notre histoire, y compris la laïque, soit basée sur les combats chrétiens contre le reste du monde ?

N'est-il pas paradoxal qu'une idéologie qui s'évertue à sauver l'âme des hommes avant la destruction finale soit la complice millénaire d'une forme de société qui accélère leur destruction ?

Si comme source d'inspiration comportementale et exemple de quotidien, on adhère à une idéologie qui place la priorité sur l'accréditation de l'âme en vue de la dernière douane, comment doit-on se comporter pendant la durée de l'étape face à tout ce qui est non humain ? Face à tout ce qui n'est pas l'homme ?

Et pour finir en étant plus terre à terre, le fait d'avoir été formaté à l'intime conviction d'une destruction finale de la planète où nous vivons, ne vient-il pas atténuer nos sentiments de révolte, face aux problèmes écologiques par un fatalisme inculqué ?

Les laissés-pour-compte

Si j'emploie l'expression "laissés pour compte", c'est en fait pour définir ce qui de par ce comportement est relégué au second plan. Le monothéisme nous a placés nous les humains, au rang d'êtres supérieurs par rapport aux créatures issues du règne animal. Cette classification n'a rien de vraiment nécessaire si ce n'est qu'elle peut de fait, légitimer dans certains cas une moindre considération en ce qui concerne le traitement qui leur est parfois réservé. Bien entendu, il en est de même pour le règne végétal et tout ce qui n'est pas l'homme. Pour revenir aux animaux et à l'échelle de valeurs, les monothéismes les classent soit comme purs, soit comme impurs, inoffensifs ou maléfiques, ou soit selon leur aptitude à servir aux sacrifices. Le point plutôt contradictoire qu'un indigène soulèverait, concerne la classification et donc la hiérarchisation de ce qui forme comme un tout, la réalisation de Dieu. Je pourrais aussi souligner que selon ces mêmes monothéismes, le plus faible doit toujours être protégé. L'inférieur n'est-il pas par définition plus faible ? À moins que cette classification ne concerne que les droits...

D'une manière générale nous pouvons ainsi constater que dans la plupart des cas, la nature est plutôt considérée comme mystérieuse, dangereuse, effrayante, imprévisible et ses manifestations violentes imputées à l'ire de Dieu. C'est finalement un bon moyen de justifier cette considération, tout en reconnaissant de fait sa création par le divin. Par contre, en ce qui concerne l'aspect utile de cette nature et le souhait de l'exploiter, le souci qui prédomine c'est la prédictibilité pour le rendement efficace. Une autre forme de formatage, d'usinage et de calibrage, appelant une redéfinition de cet aspect de la création, "un jardin d'Éden capitalisé, mais pas toujours bien fréquenté".

Dans cette phobie frénétique de prise en compte

exclusive de la sauvegarde de l'âme, le corps subit le même sort que la nature dont il provient. Celui d'être relégué au rang de source de production et d'abri pour des émotions qui par leur classification seront pures ou bien souillures, pieuses, honteuses ou hérétiques. Dans cette seule version du bien validée par le livre saint, vices, péchés et hérésies, se trouvent autant dans la nature que dans le corps de l'être humain. Comme je l'ai déjà mentionné, le tout ayant été le fruit d'une création sans erreur, comment alors se faire à l'idée qu'il faille en rejeter la moitié ? En ce qui concerne le corps, une grenouille de bénitier me répondrait sûrement que c'est en se surpassant et en combattant le désir, que l'on obtient au mérite l'accès à l'échelon d'après. Un érudit quant à lui, m'expliquerait gentiment que je n'ai pas très bien saisi la profondeur des textes sacrés. À la première je répondrais de me démontrer par des preuves l'acquisition par les personnes ayant dénigré leur corps, de cette profonde sérénité et de cette sagesse radieuse, typiques des individus s'étant vraiment réalisés. Quant au second, je pointerais le fait que tous ces textes sacrés sont si périlleux à saisir et donc faciles à détourner, que c'est la preuve par A + B que ce qui leur fait défaut c'est cette applicabilité dans un ici et maintenant. Pour imager ces derniers propos, je pourrais dire qu'un Maître peut expliquer à son disciple toutes les règles qui régissent la course de l'astre du jour en des termes si compliqués, que l'esprit de ce disciple s'éclaire quand le soleil se couche. Ou alors, avec des termes compréhensibles de manière à ce que l'élève puisse contempler lui-même tout au long de la journée les faits qu'on lui a relatés. Tout dépend bien sûr de ce que recherche le Maître : émanciper son disciple ou le garder comme suiveur....

Pour revenir à la nature et au reste du vivant, comment ne voudriez-vous pas qu'en plus du fatalisme inculqué par la conviction de son inévitable destruction, le fait d'en rejeter la moitié fasse considérer cet aspect de la vie terrestre, autre que comme secondaire ? Même si quand j'emploie le terme "moitié", je suis conscient de son approximation en ce qui concerne son aspect quantitatif, je l'ai employé à dessein pour emmener l'introduction de ma prochaine remarque qui concerne le féminin. Ce que l'on peut observer quand on se penche sur le rôle et la place de la femme dans la vision monothéiste, c'est que d'une elle est dès le départ étrangère à toute prise de décision non validée par son mari, que de deux, du point de vue de la nature elle n'est pas mieux placée qu'entre son homme et le chien (je rappelle à ceux pour qui cette phrase aurait fait faire un saut périlleux, que je ne parle pas là de l'an de grâce 2015, mais bien du début du programme) et que de trois, elle représente maintenant toute une foule de désirs qui pourraient faire faillir l'homme dans sa quête d'élévation... Le problème que cette triple dépréciation engendre alors, c'est que cette créature donne aussi la vie... Paul de Tarse (vous m'excuserez, mais j'ai toujours du mal à le canoniser) a lui immédiatement statué sur la question. Je vous invite à lire certains passages de ses textes et notamment dans ses épîtres aux Corinthiens [22]. Vous vous rendrez rapidement compte que mis à part dans l'enfantement, elle n'a pas grand-chose d'autre à attendre quant au salut de son âme. Je suis pour ma part convaincu que la relégation à un niveau inférieur de celle qui donne la vie et de fait imite la terre, constitue dans nos sociétés une des causes principales d'un déséquilibre constant. La mise à l'index d'office du féminin en maintes choses, a finalement engendré une forme de société où les propriétés de l'homme ne sont pas contrebalancées.

Je voudrais clore maintenant par une dernière analogie que je trouve assez frappante. Prenant en considération le concept de la Terre Mère si chère aux peuples dits primitifs, nous pouvons nous rendre compte que le parallèle est flagrant entre le sort de la Mère Terre, (que je décrirais comme suit : une nature à dompter, un capital à exploiter, mais qui présente des aspects dont il faut toujours se méfier) et le sort de la Femme Mère (que je décrirais par : la domestiquée principale, productrice d'héritiers, mais une source de désirs dont il faut se détourner).

Après la démission par le livre, l'obsession du "point final" et le vivant hiérarchisé, j'aborderai maintenant la question de l'étroite collaboration entre une telle idéologie et les structures du pouvoir.

Deux bergers pour un troupeau

Bien avant la propagande moderne d'un Edward Bernays [23], les idéologies monothéistes ont constitué les premiers outils de contrôle du comportement par l'altération de la pensée, utilisés à grande échelle. Ce que je veux dire par là, en prenant pour exemple le christianisme, c'est qu'à partir du moment où cette idéologie devient religion d'État, elle se trouve alors associée au processus politique. Là où la propagande actuelle se substitue à la matraque, l'idéologie du christianisme la fait quant à elle, accepter comme liée à l'ordre des choses. D'ailleurs si nous voulions raisonner comme des hommes d'Église, c'est-à-dire analyser le monde au travers des filtres du livre, nous prendrions pour acquis que c'est cet ordre des choses qui est voulu par le divin. À savoir : Dieu – Maîtres – Serfs – Terre. Bien qu'au fil des siècles il y ait eu subdivision entre ces catégories, la hiérarchie entre ces dernières aura toujours été basée sur la richesse matérielle. Finalement, en observant cette logique on en vient alors à conclure que, partant de la Terre Mère comme base d'exploitation, les richesses ne cessent de grandir au fur et à mesure que l'on grimpe les échelons, en direction de Dieu le Père (les places aux premiers rangs sont toujours onéreuses, à moins de connaître le patron).

Une catégorie spéciale se trouve à tous les échelons et c'est d'ailleurs ce critère qui fait son particularisme. Vous l'avez compris, ce sont les représentants de Dieu. Ils agissent comme un syndicat pacifiant les rapports internes, tantôt moralisant le riche pour son manque de charité, tantôt réconfortant le pauvres pour s'assurer son adhésion.

Nous verrons plus tard que cette tendance, qui consiste à encourager la charité des riches plutôt que l'organisation des pauvres, est vivante encore de nos jours. Cela vient bien sûr de cette vision du monde au

travers du livre saint et non pas d'une analyse socio-
logique des rapports exploitants/exploités.

Sans me lancer ici dans une énumération des faits liés
à cette prise de contrôle, j'en citerai quand même deux
qui à mon sens sont essentiels. Tout d'abord, la transformation de l'entraide en pratique de charité. Cette
notion d'entraide dont Kropotkine [24] parle dans son
ouvrage "L'entraide, comme facteur de l'évolution",
est bien sûr inhérente à la nature de l'humain, bien
avant l'avènement du christianisme. Si tel n'était pas
le cas, aucune société n'aurait pu se développer, et encore moins donner naissance à des systèmes sans état
comme ceux dont je parlerai plus tard. Le christianisme
quant à lui, ne considère pas vraiment ce facteur
comme intrinsèque à l'être humain, mais plutôt
comme insufflé par une inspiration Divine (plutôt une
expiration venue d'en haut pour être logique d'un
point de vue directionnel). Partant de là, ce sentiment présent dans chaque individu dès les premières
sociétés, est déclaré comme ne faisant pas partie de
ses qualités naturelles et premières, pour lui être réin-
jecté sous forme d'injonctions Divines.

Ce que l'on nomme alors charité a pour particularité
de placer celui qui donne au-dessus de celui qui reçoit.
Cela nous renvoie donc encore, à la hiérarchisation
des valeurs par le biais des biens matériels et bien
sûr à l'ordre des choses qui en découle. Pour ter-
miner cette remarque liée à la notion d'entraide, je
reviendrai sur un point qui me paraît très important. Si
l'on nie à l'individu son propre "cœur" comme origine
de ce noble sentiment, c'est encore un pas de plus vers
cette déresponsabilisation dont j'ai parlé plus tôt.

Comme second fait lié à cette stratégie de prise de
contrôle, je voudrais ajouter quelques mots sur le
thème du savoir. Quand un organe religieux asser-
menté par l'État, possédant donc l'autorité, produit
une idéologie annonçant une inévitable destruction
suivie d'un jugement général, il est normal que tout un
chacun ait le souci d'en savoir plus. C'est justement ce

"savoir plus", détenu par une élite autoproclamée, qui annule ou tente d'annuler tous les référentiels liés aux anciennes croyances qui auraient pu se constituer en contre-pouvoirs intellectuels. Quand justement ces vieilles croyances sont trop ancrées ou difficiles à supplanter, la nouvelle idéologie les englobe et bien sûr les personnalise.

De cette manière, même si certains repères sont pour le coup maintenus, le cadre et la direction n'en sont pas moins modifiés et de fait dépouillés de leur logique originelle. C'est donc la preuve irréfutable que les seules données qui changent sont liées au souci du contrôle global, c'est-à-dire du suprématisme. L'enfer comme seul lieu d'assignation à résidence éternelle pour les sujets dubitatifs, ainsi qu'un diable rouge aux pieds fourchus comme seul compagnon de cellule, ont décidé beaucoup de gens à choisir une ignorance salvatrice plutôt qu'un savoir trop risqué. La connaissance comme ennemi scellait l'avenir du bon sens.

La logique évidente de l'alliance entre pouvoirs politiques et idéologies issues du monothéisme, réside dans la complémentarité de leur nature, de leur projet. Pour d'abord être terre à terre, il faut noter que l'organe faisant office d'autorité en matière de religion, ne produit rien de matériel. C'est donc par l'impôt et la taxe qu'il peut acquérir les moyens de subvenir à ses besoins et de financer ses actions. Pensez-vous qu'il eut été possible sans que le bras armé de l'état n'accompagne les percepteurs, d'obtenir de bonne grâce l'effort de la population ? Quant au pouvoir politique, comment ne pas plébisciter un organe spirituel qui formate à grande échelle à l'acceptation résignée ? Tant et si bien que pour certains, parmi les plus dévots d'entre eux, l'ordre des choses est si scellé, que la volonté de souffrir augmente même le mérite. Pour revenir maintenant au projet théorique, mais essentiel de cette idéologie, souvenons-nous du but ultime de cette histoire : la sauvegarde de toutes les âmes avant le jugement dernier.

Comment alors imaginer que les représentants d'une telle idéologie ne puissent pas adhérer aux pratiques de conquêtes et d'annexions de territoires, qui permettront à " L'Histoire " de réaliser ce projet ? En y ajoutant évidemment que chaque nouvelle contrée en plus de ses nouvelles âmes, constitue un nouveau terrain pour l'imposition et le gain. Quant au pouvoir politique et lors de ces mêmes conquêtes, quelle meilleure association que celle entre un pouvoir militaire qui contrôle le physique et un pouvoir religieux qui, lui, contrôle l'esprit ? De plus, quand cette conquête s'inscrit dans le projet d'exportation de la société dont le conquérant est issu, il est bien sûr essentiel dans un souci de pérennité de formater l'esprit de l'individu conquit à la vision du monde normalisant le conquérant.

Puisque je viens d'aborder le sujet de la conquête et de la complémentarité entre annexions de territoire et idéologies monothéistes, voyons dans l'exemple suivant comment les deux se soutiennent.

La doctrine chrétienne de la découverte

Avant d'analyser ce qu'a impliqué la doctrine chrétienne de la découverte au niveau des comportements et aussi dans le code de jurisprudence des pays occidentaux – officiellement ou officieusement – il faut en citer les origines.

La base de cette doctrine est scellée principalement par deux bulles papales. La première sous le titre de "Romanus Pontifex", fulminée par Nicolas V en 1455, la seconde sous le titre "d'Inter Cætera", fulminée par Alexandre VI en 1493.

Romanus Pontifex

Cette bulle fait surface dans le contexte de l'essor de l'Empire Ottoman, après la chute de Constantinople en 1453. Ce texte, qui concède au Roi Alphonse V du Portugal et au prince Henry "le Navigateur" [25], ainsi qu'à tous leurs successeurs toutes les conquêtes d'Afrique, inclut aussi la mise en servitude perpétuelle de tout individu considéré comme infidèle et donc ennemi du Christ - ainsi que l'appropriation de ses biens. Je ne résiste pas au plaisir de vous faire part d'un extrait de ce texte écrit par un représentant de Dieu. "(...) Ainsi, après avoir pesé toutes les conséquences avec la méditation qui se doit et après avoir noté que nous avons donné par missives antérieures, la faculté ample et simple au Roi Alphonse d'envahir, de rechercher, de capturer, de vaincre et de subjuguer tous Sarrasins et païens que ce soient et tous autres ennemis du Christ où qu'il soit et les royaumes et duchés et principautés et colonies et possessions et tous biens mobiles et immobiles en leurs possessions, ainsi que de réduire leurs personnes en esclavage perpétuel et d'appliquer et de s'approprier pour lui-même, son héritier et successeurs, lesdits royaumes, duchés (...) et de les convertir en ses biens et profits et qu'en ayant sécurisé cette faculté, ledit Roi Alphonse ou par son autorité, l'infante susnommée, a acquis justement et légalement et possèdent ces îles, terres, ports et mers et que ceux-ci appartiennent de plein droit au Roi dit Alphonse et ses héritiers et successeurs (...) ne laissons personne contrevenir éhontément à notre recommandation, exhortation, réquisition, don, permission, tâche, constitution, décret, mandat, prohibition et volonté. Quiconque tenterait ceci, doit savoir qu'il subirait la colère de Dieu toute-puissante et des Apôtres Pierre et Paul".

Je sais que c'est extrêmement pénible à lire, mais je voulais juste que vous gardiez en mémoires quelques termes et aussi le ton et le style employés par un représentant de Dieu en matière de géopolitique...

Inter Cætera

À l'époque de la découverte de Christophe Colomb, le Portugal et l'Espagne se livrent à une course effrénée pour la suprématie sur les côtes de l'Afrique. Alphonse, le Roi du Portugal, affirme alors que la découverte de Colomb entre dans le cadre de la bulle Romanus Pontifex, ainsi que de deux autres bulles (1456 – 1479). Le roi et la reine de Castille, qui se trouvent être des amis du Pape en vigueur à l'époque, c'est-à-dire Alexandre VI, demandent à ce dernier d'émettre une nouvelle bulle intercédant en leur faveur. C'est ce qui fut fait le 4 mai 1493 avec Inter Cætera. Par cette bulle, Alexandre VI concède alors à l'Espagne tous les territoires découverts et bien sûr à découvrir, dans la zone située "à l'ouest du méridien positionné à cent lieues à l'ouest des Açores et des îles du Cap-Vert". Excepté pour toutes les terres appartenant déjà à un prince chrétien avant le jour de Noël 1492.

Voilà donc un parfait exemple de complémentarité entre politique et religion, ou leur destin parallèle. Il est inutile de vous préciser que dans les bulles dont je parle il est bien sûr mentionné la sauvegarde des âmes par la conversion des païens. En ce qui concerne l'idéologie du christianisme, il fut souvent cité, comme justification des conquêtes, le passage de l'évangile Matthieu 16.18 : "Et moi je te dis que tu es Pierre et que sur cette pierre je bâtirai mon église. Et que les portes du séjour des morts ne prévaudront point contre elle". Pour ajouter encore un élément important sur le partage du monde impliqué par ces bulles et sur le rôle du religieux dans les négociations politiques d'alors, je voudrais relater aussi que c'est lors d'un entretien à Marseille le 12 octobre 1533, que François 1er réussit à convaincre Clément VII d'apporter modification à la bulle Inter Cætera. Lors de cet entretien, il obtint du Pape Clément la modification suivante : la bulle Inter Cætera ne concerne plus maintenant que les territoires découverts par les Portugais et les Espagnols et ne concerne pas de ce fait ce qui reste à découvrir.

Heureuse coïncidence, Jacques Cartier "découvre" le Canada un an plus tard...

Nous verrons dans un autre chapitre, que les pêcheurs basques, bretons et normands y avaient déjà leurs habitudes.

Toujours dans le but initial de souligner le mutualisme entre politique et religion, dans la conquête des âmes de l'ouest et l'annexion de territoires, je voudrais démontrer maintenant comment un passage de la bible devient titre de propriété.

Johnson contre McIntosh 1823

Tout commence en 1775 lorsque Johnson fait l'acquisition d'une parcelle de terre auprès des Indiens Kaskaskias. Un an après, en 1776, c'est l'indépendance américaine. De ce fait, toutes les transactions ayant été effectuées entre Amérindiens et colons peuvent alors être remises en question. La naissance des USA comme entité souveraine, lui donne la légitimité pour prescrire ses propres lois définissant l'acquisition ou la validation d'un titre de propriété. C'est justement en 1818, presque quarante ans après, que les USA vendent une portion de terre à un dénommé McIntosh. Ce terrain, qui se trouve dans la région étant devenue l'Illinois, comprend la parcelle de terre acquise jadis par Johnson. Qui de Johnson ou McIntosh possède alors un titre de propriété prédominant ? C'est ce qui fut déterminé par la Cour suprême des USA lors du procès Johnson contre McIntosh en 1823, et qui fit dès lors office de référence en matière de droit sur la propriété foncière.

Voyons maintenant sur quelles bases étonnantes le verdict fut prononcé :

Tout d'abord un extrait du texte du juge Marshall dans son ouverture de corps de rendu de justice.

"À la découverte de cet immense continent, les grandes nations européennes s'empressèrent de s'approprier pour elles-mêmes le plus possible de terres qu'elles purent respectivement acquérir. Cette grandeur de territoire offrait un énorme champ pour l'ambition et l'entreprise de tous. De plus le caractère et la religion de ses habitants, fournissaient une bonne excuse pour considérer les Indiens comme un peuple sur lequel le génie supérieur de l'Europe pouvait affirmer une ascendance".

La déclaration de Marshall au sujet de l'ascendance, fait évidemment référence à la supériorité du christianisme, puisqu'il explique aussi ensuite que, pour une vision correcte des affaires Amérindiennes au temps des dons qui furent faits par les divers rois d'Angleterre, il faut d'abord se pencher sur la religion de l'époque. Comme je l'ai déjà mentionné, les pères spirituels de la chrétienté donnaient beaucoup d'importance à Matthieu 16.18. Les Portugais avaient bénéficié de la bulle de Nicolas V, les Espagnols quant à eux de celle d'Alexandre VI et, comme je l'ai ajouté, François 1er quant à lui avait fait modifier la seconde. Marshall insiste aussi sur un passage de la charte anglaise, stipulant que les peuples chrétiens avaient le droit de prendre possession des terres et pays découverts, pourvu que ceux-ci soient habités par des individus non chrétiens. En bref, pour constituer une base de réflexion sur laquelle régler le litige, il fallait catégoriser les nations entre nations civilisées et nation non civilisée. D'un côté, les nations européennes détentrices d'une indépendance parfaite, de l'autre côté, les nations amérindiennes, affublées d'une indépendance dite imparfaite. C'est donc sur la base de cette échelle de valeurs issue de la doctrine chrétienne de la découverte que la transaction entre Johnson et la tribu des Kaskaskias qui avait eu lieu en 1775 fut alors invalidée. La tribu amérindienne possédant une indépendance imparfaite, avait en pratique perdu son droit de propriété à l'arrivée des chrétiens.

C'est ainsi que ces conclusions furent alors imbriquées dans la jurisprudence américaine et que la doctrine chrétienne de la découverte, même si nommée autrement, devint le fondement de la propriété foncière aux USA. Dans les multiples procès qui suivirent basés sur le même litige, c'est toujours le "Johnson contre McIntosh" qui était alors invoqué. D'ailleurs, pour étayer cet exemple et en même temps couper court aux discours qui feraient remarquer que les bulles pontificales ne concernent que les catholiques, voici l'exemple du procès de la tribu des Tee Hit Ton contre l'État de l'Alaska en 1955.

Le cas :
Les Tee Hit Ton sont une tribu de la région de l'Alaska, qui clamait lors de ce litige le droit d'occupation de leur territoire d'origine.

Résumé légal :
"La doctrine de titre de propriété par la découverte n'est pas juste une doctrine catholique romaine, mais plutôt un principe auquel toutes les nations chrétiennes adhèrent". Le résumé explique ensuite que, même si les USA ne reconnaissent pas les papes comme la source de leurs titres de propriété, le concept de titre de la découverte était fondé sur la même idée que les terres occupées par des païens et infidèles étaient ouvertes à toutes acquisitions par les nations chrétiennes.

Verdict :
"Les Tee Hit Ton ne peuvent pas avoir un titre de propriété valide puisque sous le concept de la conquête et sous le concept du verdict Johnson contre McIntosh, leurs droits étaient donc caducs dès l'arrivée des chrétiens. De plus, comme aucun titre digne de ce nom ne leur était reconnu, ils n'avaient pas droit non plus à des compensations" (sans commentaire).
Pour revenir sur le procès Johnson contre McIntosh et finir sur le sujet par une touche d'humour rouge, je ne peux pas résister à l'envie de vous faire part d'une remarque du juge Marshall.
Pour expliquer la conquête et les situations exceptionnelles qu'elle avait pu engendrer, il évoqua un concept d'échange, dans le sens où les Indiens, en guise de contreparties pour la perte de leurs terres, avaient reçu en échange la civilisation et le christianisme... (Ils reçurent donc à nouveau les deux choses qui les avaient détruits).
Citation de Joma Kenyatta [26] pouvant aussi s'appliquer aux Amérindiens et à bien d'autres : "Quand les

missionnaires sont arrivés, ils avaient la bible, nous avions la terre. Ils nous ont appris à prier les yeux fermés. Quand nous les avons ouverts, ils avaient la terre, nous avions la bible".

Après cette petite analyse de la doctrine chrétienne de la découverte et sa double implication matérielle et spirituelle, je voudrais revenir sur un thème que j'ai déjà abordé lors d'un précédent chapitre. J'y mentionnais dans un passage concernant la pratique de l'idéologie chrétienne, sa propension à préférer sensibiliser les riches plutôt que d'aider les pauvres à s'organiser. Je voudrais donc maintenant étayer ces propos par un exemple de confrontation entre ces deux tendances qui peuvent encore diviser aujourd'hui l'Église catholique romaine.

Théologie de la libération / Théologie du peuple

La théologie de la libération peut être considérée comme un mouvement sociopolitique issu d'un courant de pensée théologique chrétienne. Pour ma part, je considère que c'est un mouvement où un certain nombre d'ecclésiastiques renouent avec la raison. En effet en ne considérant pas la société uniquement au travers des filtres de l'évangile, mais plutôt en matière de lutte des classes et de la logique oppresseurs/opprimés, ces ecclésiastiques quasiment considérés comme dissidents s'inscrivent comme défenseurs d'une idéologie proche du marxisme. Inspirés du passage de la Bible qui relate la révolte du peuple juif, cette tendance sera décrite pour la première fois sous le nom de Théologie de la libération par Gustavo Gutierez [27] lors du congrès de Medellín en 1968 (CELAM). Parmi ces représentants les plus célèbres, on compte l'archevêque Helder Camara [28] sur lequel je reviendrai plus longuement ensuite. En pratique, ces prêtres et autres ecclésiastiques regardent les injustices sociales comme étant exclusivement le fruit d'une politique. En conséquence, les implications dans la défense des plus faibles sont de fait beaucoup plus actives et variées que l'acte de simple charité. Quand certains d'entre eux réquisitionnent des bâtiments de l'église pour les transformer en écoles ou en centres médicaux, d'autres sont carrément impliqués dans des actes de rébellion ou des groupes révolutionnaires. Même si les définitions sont nombreuses quant à cette idéologie, c'est le mélange marxisme et solidarité chrétienne qui la définit le mieux. Selon Noam Chomsky [29], le Vatican n'est pas pour rien dans les déboires de cette idéologie, ayant toujours fait en sorte de saper l'expansion de ce mouvement. D'ailleurs, la théologie qui en découle ensuite, et qui en est une version remaniée, est beaucoup plus tolérable pour les structures du pouvoir. Dans le sens où mettant beaucoup plus l'accent sur l'évangélisation des riches que sur l'émancipation des pauvres, elle ne bouleverse en rien ce soi-disant ordre établi par le divin. Justement, à ce sujet, la théologie du peuple. C'est en 1966 et en Argentine, que cette idéologie cousine de celle de la libération voit véritablement le jour lors de la commission épiscopale de pastorale (COEPAL). Si cette idéologie ressemble apparemment très fortement à celle de la libération, elle en diffère sur un point d'une importance capitale. Dans sa vision du monde, la théologie du peuple envisage ce dernier d'une manière qui lui est propre. Elle envisage d'un côté l'église comme peuple de Dieu et d'un autre côté le peuple de la terre et ses différentes traditions avec qui, il faut dialoguer (jusque-là ça va...).

Cette théologie est axée sur l'inculturation de la foi c'est-à-dire, comme je l'ai déjà mentionné avec la technique Jésuite des passerelles, l'intégration du christianisme dans les diverses traditions présentes au sein du peuple. Donc, la différence principale entre les deux théologies et donc la particularité qui place celle du peuple loin du courroux du Vatican, c'est bien son analyse du monde et de la société. Les théologiens du peuple ne cherchent pas ce que l'on nomme une herméneutique d'interprétation en dehors du message de l'évangile, mais au contraire, clame qu'il n'est ni concevable, ni réalisable pour le disciple de voir le monde autrement qu'au travers des yeux du disciple. De ce fait, il est complètement impensable, pour un adepte de cette théologie, de considérer la vision de Marx ou de Proudhon, comme outil d'analyse du monde. C'est bien pour cette raison que la théologie du peuple ne s'inscrit pas comme un mouvement interférent avec l'ordre des choses ou combattant les inégalités, mais correspond bien à ce que Chomsky décrit comme une idéologie tolérable pour les puissants. Voilà pourquoi cette dernière n'encourt aucune mise en garde de la part du Politburo spirituel par l'intervention du Saint-Siège.

Pour démontrer maintenant par A + B l'aspect quasi traditionnel de cette prise de position, je reviens à l'archevêque Helder Camara.

En charge du diocèse de Recife entre 1964 et 1985, il demeure l'un des personnages principaux de la théologie de la libération. Durant son activité, il réquisitionna nombre de bâtiments appartenant à l'église, pour les convertir en centres sanitaires ou éducatifs. Il créa ainsi une dynamique au sein des communautés pauvres, sans que ces dernières n'aient trop à attendre des riches. En fait, il est coutume de dire que Helder Camara avait transformé l'Église des riches en Église des pauvres. Comme expliqué précédemment, Helder Camara se basait sur une vision Marxiste des choses. Il reconnaissait de ce fait, la logique de lutte des classes et donc la réaction que celle-ci appelle.

En 1984, dans le cadre de la Congrégation de la doctrine de la foi, Jean Paul II approuve un texte très important pour la suite. Ce texte, signé par Ratzinger et dont le titre est "Libertatis Nuntius", est une longue mise en garde contre les dérives idéologiques de la théologie de la libération. Ce qui bien sûr y est remis en cause, c'est sa caractéristique qui pousse le disciple à regarder le monde autrement qu'au travers des yeux du disciple. Au terme de cette même année, alors que le contrat d'Helder Camara se termine, à la surprise générale Jean Paul II nomme un illustre inconnu comme successeur pour ce poste. La nomination de Dom José Cardoso, qui surprend les spéculateurs des deux camps, fut un double signe fort de la part du pape en faction. En effet par ce geste, Jean Paul II affirmait d'une part son indiscutable autorité, et d'autre part le fait que Cardoso soit professeur de droit canonique constituait un geste significatif adressé aux prêtres dissidents officiant en Amérique du Sud. Lors de la nomination de Cardoso, voici ce que la presse conservatrice locale en disait : " un religieux au plein sens du terme (...) plus préoccupé par le salut des âmes qui lui sont confiées, que soucieux de s'acoquiner avec Marx ".

Pour compléter ces quelques remarques en restant au pays de Camara, j'y ajouterai aussi l'exemple des deux frères Boff, Leonardo et Clodovis.

Leonardo fut lui aussi un chef de file du mouvement. Il enseigna la théologie systématique de 1970 à 1992, à l'institut Franciscain de Petropolis. En 1984, et aussi dans le cadre de la Congrégation pour la doctrine de la foi, il fut convoqué au Vatican pour y répondre de la thèse qu'il exprimait dans son livre " l'Église. Charisme et Pouvoir" [30]. En 1985, il se vit alors intimer silence et obéissance. C'est en 1992, face à sa désobéissance et à ses multiples attaques dirigées vers Jean Paul II, qu'il fut définitivement déclaré comme invalide à l'exercice (pas de prud'homme au Vatican). Son frère Clodovis Boff, qui occupait le poste de professeur de théologie à l'université catholique de Rio, fut quant à lui remplacé encore en l'année 1984, par le Romain Filippo Santoro [31].

Mais, au contraire de son frère Leonardo, Clodovis finira par rompre avec la théologie de la libération et le fera savoir dans un essai publié en 2007 dans la "Revista Eclesiastica Brasileira". Dans cet ouvrage où il reconnaît ses "erreurs", un extrait mérite d'être cité ici, car a mon sens, il résume à peu près tout ce que je viens d'écrire.

"Cette erreur de principe ne peut produire que des effets funestes (...). Dès lors que le pauvre acquiert le statut de Primum épistémologique, qu'advient-il de la foi et de sa doctrine, au niveau théologique, mais aussi au niveau pastoral ? (...) Il en résulte inévitablement une politisation de la foi, réduite à être un instrument de libération sociale". Ce que je comprends pour ma part, c'est qu'à partir du moment où la foi ouvre les yeux sur la réalité sociale, elle se politise. Par contre, quand elle se contente de donner une doctrine qui devient un titre de propriété, ou alors qu'elle colle aux structures du pouvoir, là, elle se normalise.

C'est aussi en 2007 qu'eut lieu un évènement extrêmement important, en ce qui concerne les divergences entre théologie du peuple et Théologie de la libération. C'est en effet à la suite de la conférence continentale qui eut lieu à Aparecida que la théologie du peuple fut seule déclarée valable et acceptable, en ce qui concerne le comportement du disciple et son appréhension du monde.

Cette conclusion fut d'ailleurs déclarée par l'archevêque Santoro comme très importante pour l'Église universelle.

Pour maintenant boucler la boucle et arriver à ma conclusion, il ne manque plus qu'à stipuler que celui qui présida la commission chargée des conclusions du débat, et qui se fit d'ailleurs remarquer favorablement pour la suite de sa carrière, ne fut autre que... Bergoglio.

Ce que j'ai voulu mettre en exergue avec ces quelques remarques, concerne le fait que malgré le marketing Papal – Jean Paul II "n'ayez pas peur " - Benoît "le conservateur" - et François "Le Pape des pauvres", la ligne directrice est la même, ne pas changer l'ordre des choses...

Avant de passer à la suite :

Certains pourront considérer ces réflexions sur le monothéisme et particulièrement sur l'idéologie du christianisme comme pamphlétaires, voire même comme constituant un brûlot. C'est pour cette raison que je tiens à ajouter les précisions qui suivent.

Il est évident que je ne nie aucunement la multitude des actes visant à faire évoluer la société par lesquels se sont illustrés certains adeptes du monothéisme. Nous avons vu par exemple avec les théologiens de la libération des individus qui n'hésitaient pas à s'exposer aux sanctions de la maison mère, autant qu'à la répression sanglante typique des régimes dictatoriaux sous lesquels ils exerçaient. Qu'il s'agisse d'un individu athée ayant vu le jour et vivant dans la culture monothéiste, ou qu'il s'agisse carrément d'un religieux pratiquant, c'est seulement par la raison qui n'est heureusement pas morte, qu'il renoue avec une vision du monde non altérée et clarifiée. Et c'est aussi par là même, qu'il retrouve cette notion de responsabilité qui induit cette conviction de pouvoir agir sur les choses. À l'instar de la politique quand il s'agit d'acquis sociaux, les dirigeants religieux ne réforment la religion que quand grand nombre de pratiquants l'ont déjà réformé eux-mêmes de par leurs comportements. Je profite de la conclusion de la partie dédiée à la vision linéaire du monde, pour saluer tous les religieux qui ont su enfin se défaire du carcan apocalyptique, en se désolidarisant de toutes les idéologies biaisées essentiellement édifiées pour le seul but du politique. Si l'on considère la religion comme un véhicule ou un outil de réalisation de l'humain dans sa verticalité, c'est-à-dire de la Terre à lui-même et de lui-même vers le ciel, alors le prosélytisme qui est par essence une expansion horizontale, devient de ce fait un non-sens. Surtout que ce désordre mental est moins accès sur la propagation du message, que sur celle du rituel qui en formatant le peuple à un certain comportement, lui fait accepter l'oppression comme normalité des choses. Le prosélytisme est la négation de l'égalité, la négation de la justice, la négation de l'autre, de sa valeur et de son être en tant que singulier. C'est la négation de la vie en tant que multitude. C'est la négation du message.

Le cercle – L'adaptation – L'har-monisation

Je voudrais maintenant aborder le thème de la vision circulaire du monde, typique des religions indigènes d'Amérique du Nord. Cette vision de l'existence se base non pas sur une histoire avec son début et sa fin, mais plutôt sur un cycle et sa répétition constante. Elle se concentre sur le lieu et l'espace. Elle tend à englober le vivant et l'univers, plutôt qu'à concevoir un destin spécifique pour l'un de ses représentants. Cette vision s'inscrit plus dans une philosophie de vie dont le concept Nature/Création s'oppose au pyramidal, Nature – Femme – Homme – Dieu. Les religions amérindiennes, associées à cette vision, ne cherchent pas à établir des concepts rigoureux expliquant la création du monde et sa destruction finale. Le message qu'elles divulguent constitue simplement un ensemble de règles nécessaires à l'harmonie de la tribu, dans l'environnement que la création lui a alloué. L'accent n'est donc pas mis sur l'histoire et le temps, avec l'urgence d'une réalisation avant un jugement dernier, mais sur un lieu ou un espace, et le maintien d'une harmonie.

Ces religions sont des philosophies locales, adaptées aux peuples par qui elles ont été reçues. Ce qui devrait être on ne peut plus logique pour toutes les religions et qui place le suprématisme et l'universalisme des rites monothéistes, au rang de désordres psychiques, ou plus vraisemblablement, au rang de desseins politiques. Les "conseils venus d'en haut" que ces religions transmettent sont des clefs pour la compréhension de l'environnement et l'interaction avec les éléments du vivant visible et invisible qui s'y trouvent. C'est la raison pour laquelle ces philosophies locales ne comportent pas de doctrines complexes nécessitant une élite intellectuelle pour interpréter et divulguer le message, mais un ensemble de règles simples découlant de la logique et assimilables par tous dès le plus jeune âge. Ces religions ne placent pas l'homme au rang de créature réalisant un projet Divin, mais le considère comme l'un des éléments du Grand Corps. Ces "Conseils venus d'en haut" sont souvent illustrés par des légendes mettant en scène aussi bien des animaux que des hommes et ceux- ci sur le même plan. D'ailleurs, chez les Lakota comme chez beaucoup d'autres, les éléments de la nature sont classés par nation. La Nation des Deux Jambes, la Nation des élans, la Nation des arbres, etc. Dans ces histoires, les animaux ont non seulement les particularités inhérentes à leur espèce, mais peuvent aussi vivre à la manière des hommes, selon le contexte nécessaire au conseil à donner. Ces éléments de la nature agissent soit comme des professeurs, soit comme des messagers, soit comme de simples protagonistes dont l'exposition du comportement est utile à la compréhension du conseil ou du message. Pour mieux comprendre ces diverses légendes, si un jour vous avez envie d'en parcourir un certain nombre, il faut d'abord préciser le sens d'un mot que vous rencontrerez souvent, je veux parler du mot "Médecine". Dans le contexte amérindien, ce mot signifie un "pouvoir", une " aptitude ", une " capacité ". De ce fait, cette "Médecine" peut être forte ou moins forte, mais c'est la façon dont son détenteur l'utilise qui en détermine les conséquences.

Je vais maintenant donner deux exemples de ces histoires contenant des "Conseils venus d'en haut". La première est une légende Lakota, la seconde est tirée de la mythologie des Indiens Hopi [32].

Lakota : "Comment le peuple apprit-il à pêcher ? " Cette histoire met en scène un ourson et sa mère.

Quand la mère se réveilla après son long sommeil d'hiver, elle emmena Mato Cik'ala (Petit Ours) voir le soleil de printemps.

"Quelles sont ces créatures qui volent si haut, au-dessus

de nos têtes ? " demanda Petit Ours, "Ce sont des aigles", répondit sa mère, "Ce sont eux qui nous apprennent à vivre dans la dignité.

Leurs yeux sont plus puissants que les nôtres, c'est la raison pour laquelle nous devons toujours être très attentifs aux messages que les aigles nous envoient".

Sa mère l'emmena ensuite au bord de la rivière et entreprit de lui apprendre à boire. Quand il plongea le museau dans l'eau, le choc soudain de l'eau fraîche et courante le rendit aussitôt alerte et attentif.

D'ailleurs, bien des années plus tard, quand Petit Ours fut assez grand pour obtenir son nom de guerrier, Il se rappelait souvent de la première fois où il avait bu.

Depuis, chaque fois qu'il avait besoin de clarifier ses pensées avant de prendre une décision, ou qu'il avait besoin d'être alerte pour chasser, il plongeait d'abord dans la rivière pour se préparer à la tâche. Il se souvenait aussi de comment sa mère lui avait appris à chasser, à trouver de la nourriture et à reconnaître les plantes, les racines et leurs différentes vertus.

Il se remémorait souvent aussi la manière dont elle lui avait enseigné la façon de pêcher, en repérant les deux rochers entre lesquels se placer, de façon à réceptionner le poisson qui s'y présentait. Et c'est ainsi que les Lakota apprirent à pêcher en observant l'ours et que le peuple aujourd'hui chante, danse et prie en l'honneur de ce cadeau de la Nation des ours...

Nous pouvons déjà remarquer la présence de l'aigle comme élément de transmission des messages d'en haut aux nations vivant sur la terre. Chez les Lakota, comme pour beaucoup d'autres tribus, l'ours est le représentant de la nation des animaux associé aux "Hommes Médecines". Il possède la connaissance des plantes médicinales. Un détail de l'histoire fournissant matière à réflexion, réside dans la chronologie d'apparition des éléments. Au sortir de la caverne et suite au sommeil d'hiver, c'est tout d'abord et logiquement le soleil, donc la lumière, que la mère ours veut présenter à son fils. Le soleil est immédiatement suivi par le pourvoyeur de conseils que représente l'aigle. La troisième expérience, qui est liée à l'eau de la rivière, n'est pas relatée comme un souvenir lié à la soif, mais plutôt comme un conseil pour la clarté des pensées et le besoin d'être attentif. Nous avons donc dans l'ordre : la lumière, les messages d'en haut et l'attention. Ce qui nous emmène à la nourriture, les plantes médicinales et bien sûr qui se termine par ce qui ponctue toute la vie des Lakota : les remerciements.

L'utilisation de la rivière pour clarifier les pensées, me remet en tête un élément de la vie de Geronimo qui, bien que non Lakota, ait eu une pratique similaire. En effet il est dit que ce dernier, avant d'assister à un conseil tribal important, méditait près d'un étang alors qu'avant de s'aventurer dans un raid guerrier il méditait près d'un torrent.

Hopi

Dans la mythologie des Indiens Hopi vivants au sud-ouest des USA, le peuple a déjà connu plusieurs migrations dues à des changements de mondes (d'intra-terrestre à terrestre). Voici l'une des versions se référant à l'un de ces périples.

Lors de la marche vers le nord de l'un des clans, la colonne était guidée par deux Kokopelli [33] ou Mahus (entités au dos bossu et jouant de la flûte). En arrivant au sommet d'une colline ils y rencontrèrent un aigle.

Ce dernier leur demanda : " Que recherchez-vous ici ? "

L'un des Kokopelli lui répondit alors : " Nous sommes à la recherche d'un endroit pour nous établir. Tu as l'air d'être ici depuis longtemps, pouvons-nous y rester ? "

Ce à quoi l'aigle répondit : " Vous allez devoir d'abord passer des épreuves".

Sur ce, il s'empara d'un arc, le banda et visa le Kokopelli tout droit dans l'œil en lui demandant de ne pas

bouger. Au dernier moment, en décalant son arc, l'aigle tira sur le côté. Le Kokopelli n'avait pas bronché... L'aigle fit alors subir la même épreuve au second Kokopelli qui ne bougea pas non plus... C'est alors qu'après avoir armé son arc une troisième fois, il décocha une flèche dans le flan de l'un des deux représentants du peuple.
Celui qui fut touché, et qui s'écroula d'un coup, fut tout de suite rejoint par le second qui se mit à jouer de la flûte. Petit à petit, au son de la musique, le Kokopelli blessé retrouva ses forces et réussit à retirer la flèche de son corps. C'est alors que l'aigle leur annonça qu'ils pouvaient s'établir sur cette terre. Et c'est depuis ce temps-là que, chaque fois qu'un enfant est malade, pour le réconforter sa mère lui chante une chanson...

En première conclusion, nous pouvons en déduire une allusion à l'aspect curatif de la musique et de ce fait, comprendre l'emploi systématique de chants appropriés dans le cadre des rites de guérisons.

Mais sur un second plan, nous pouvons aussi remarquer que :
le premier Kokopelli ne bouge pas lors de la première épreuve. Ce que nous pouvons définir comme le courage.
Le second à son tour connaissant le danger de l'épreuve ne bouge pas non plus. Ce que nous pouvons associer à de la détermination.
Enfin, lorsque le premier est blessé, le second intervient immédiatement pour le soigner. Ce que nous pouvons qualifier d'entraide, ou de solidarité.
Courage, détermination et solidarité sont ici les trois qualités vérifiées par l'aigle, qui endosse encore une fois le rôle de messager ou de traducteur.

Les indigènes d'Amérique du Nord n'attachent pas vraiment d'importance à la date ou période exacte à laquelle ces messages ont été reçus. On peut constater en ce qui concerne leur religion un système de révélations continues. C'est-à-dire que certaines de leurs histoires porteuses de messages, peuvent aussi bien avoir pris place dans un passé proche, que dans des temps immémoriaux.

Les messages issus des histoires récentes, soit corroborent la tradition, soit y pratiquent des ajouts si le changement d'époque et les mœurs inhérentes nécessitent une adaptation.

En voici un exemple dans la culture Cheyenne [34].

Le chef Cheyenne, que les blancs avaient surnommé "Nez Romain", possédait une Médecine qui le rendait invincible face aux armes à feu. Bien sûr, il pouvait être tué par une lance ou un couteau, mais jamais par une balle. Pour préserver cette Médecine il lui était déconseillé, avant une bataille, de manger avec des ustensiles en fer fabriqués par l'homme blanc. Un jour où un combat venait d'éclater dans le campement voisin de ses amis, on vint le chercher pour lui demander de l'aide. Celui-ci accepta tout de suite et commença à se préparer. C'est alors que le guerrier qui était venu le chercher, remarqua que "Nez Romain" s'était servi d'ustensiles en fer pour le repas qu'il venait de prendre. S'adressant à lui, il lui dit alors : "Nez Romain, tu devrais d'abord te purifier pendant quatre jours, car ta Médecine va être inefficace et tu vas te faire tuer". Ce à quoi Nez Romain répondit : "La bataille, c'est aujourd'hui. Seuls les rochers et les montagnes sont éternels dans ce monde". C'est ainsi qu'il se lança dans la bataille et ne revint pas vivant. La légende se termine alors par la conclusion suivante : "Il est parfois plus important de prendre la responsabilité d'agir, que d'espérer vivre très vieux".

Pour revenir à des notions de lieu et d'espace, je voudrais d'abord illustrer ce rapport par deux exemples issus de la littérature orale amérindienne. Le premier met en scène un Homme Médecine qui du haut d'une colline un matin de printemps, prononce les paroles suivantes : "En regardant loin vers le Sud, je vois l'été". Ce qui caractérise cet exemple réside dans la possibilité pour l'Homme Médecine, de voir "ici" ce qui existe déjà maintenant "là- bas".

Comme dans un espace-temps où les évènements existent, ont existé, ou existeront simplement en changeant de lieu.

Le second exemple met en scène deux guerriers discutant des propriétés particulières d'un fusil à bisons : " Ce fusil peut tirer de tellement loin, qu'il peut tirer depuis hier". Dans ce second exemple, la notion de distance se traduit par " depuis hier ". C'est-à-dire non pas par la rapidité avec laquelle la balle pourrait aller de "maintenant" à la cible, mais sous-entendu par la distance que l'orateur aurait pu parcourir depuis hier, pour être " ici " maintenant et éventuellement être touché par la balle. Dans ces deux exemples, la notion de temps est directement liée à celle de l'espace. C'est l'endroit où se trouve l'orateur qui est la référence. Pour continuer sur l'importance de l'espace et en prenant exemple sur le langage Lakota, nous pouvons observer ce qui suit. Si le futur des verbes est simplement exprimé par un suffixe identique à tous les verbes et le passé par l'ajout d'une indication de temps dans la phrase, les verbes qui se rapportent à la locomotion et donc au mouvement dans l'espace sont beaucoup plus précis. C'est ainsi qu'en ce qui concerne le déplacement, nous trouvons des formes différentes pour : aller, venir, aller à la maison, venir à la maison, arriver ici, arriver là-bas, arriver ici à la maison, arriver là-bas à la maison. Il est donc flagrant que si l'appréciation du temps reste assez vague, ce qui se rapporte à l'espace est beaucoup plus explicite.

Toujours sur la notion d'espace et comme expliqué au préalable, les religions amérindiennes étant des philosophies locales harmonisant tout le vivant, qu'il soit visible ou invisible, l'espace où ces "Conseils venus d'en haut" ont été reçus joue donc un rôle essentiel. De manière logique, la symbolique religieuse, l'imitation de la Nature par le rite, ou les lieux considérés comme sacrés, ont un rapport direct avec une région, son relief, son climat, sa faune et sa flore. Par la même logique, il ne serait pas cohérent d'exporter ces religions en des lieux où les rituels n'auraient plus rien de commun avec le contexte réel. Allez proposer le ramadan à un Esquimau, le mois où la nuit dure deux heures par jour...

Une des problématiques aujourd'hui, réside dans le fait qu'un grand nombre de tribus ayant été déportées et relocalisées, certains lieux liés à leurs pratiques religieuses ne sont plus du tout accessibles. Par contre, comme c'est parfois le cas, on peut trouver une vingtaine d'églises d'obédiences différentes sur des réserves indiennes abritant environ cinq cents âmes. Sans doute la rencontre entre Dieu et le Bouygues local...

L'espace et le lieu sont d'ailleurs pour les indigènes directement liés à leur identité. Cette terre qui a vu leur naissance, ainsi que celles de leurs ancêtres, mais qui est aussi l'endroit où les " Conseils venus d'en haut " ont été reçus, constitue leur "Centre de l'univers ". C'est le lieu de la connexion, de la régénérescence et la zone du Grand Corps dont ils font partie. D'ailleurs, en 1956, lors de "Relocation Act" [35] qui incitait les Indiens à rejoindre les villes pour intégrer la civilisation, un grand nombre de ceux qui étaient partis regagnèrent rapidement ou finalement leurs réserves respectives. Ils choisirent l'option du singulier parmi les siens au sein du cercle, quitte à être dans la misère, plutôt que celle de la fonction anonyme sans un espoir de destinée.

C'est souvent lors de mes conférences que des personnes me demandent en utilisant la formule suivante : "Mais pourquoi n'essayent-ils pas de s'en sortir en s'intégrant aux grandes villes ?".

Je conçois qu'il soit difficile pour les Occidentaux de comprendre le phénomène. Pour nous, c'est-à-dire pour des personnes ayant pour la plupart subi un éclatement de la notion d'identité, ainsi que plusieurs déracinements successifs et ceci depuis des siècles, l'importance viscérale de la connexion à un lieu s'est estompée au fil du temps. La plupart des personnes faisant partie de mes connaissances sur la réserve de Rosebud [36], ayant connu cette période, décrivent le même sentiment. Une impression de perdition et de dérive provoquée par l'absence de connexions au lieu, de connexions aux autres, de connexions à la nature, c'est-à-dire à la Création. Un anonymat anxieux au sein d'un flux d'individus sans identité précise.

Pour faire une parenthèse sur ce sentiment en prenant pour exemple nos grandes villes, je voudrais attirer votre attention sur un fait. Concernant tous les "déracinés ", qu'ils soient issus de régions à identités fortes ou de terres étrangères, il est facile de constater que ce soit au sein d'un quartier où par le biais d'associations, qu'un cercle est toujours recréé sur la base de l'identité. Partager le même langage, pratiquer les mêmes coutumes, se référer aux mêmes repères, ne sont autres que des réflexes comportementaux issus d'un espace, d'un lieu, d'une terre. Ce truisme inhérent à la nature humaine et dénoncé par le système comme une tare anti-cohésion, n'est-il pas plutôt un des éléments devant être considérés comme essentiels à la conception d'un véritable socialisme ? Je reviendrai plus longuement sur le sujet dans les deux autres volets de cet essai.

Puisque je viens d'évoquer l'importance capitale de cette notion d'espace, je voudrais maintenant faire quelques remarques sur ce qui peuple cet espace, à savoir la nature et le reste du vivant.

Du fait que tous les éléments de cette nature représentent différents aspects d'un même grand corps, rien n'y est considéré comme terrifiant, malsain, ou encore moins diabolique au sens monothéiste du terme. Les croyances dites primitives à l'égard de ces aspects ne sont pas des superstitions, car elles n'engendrent ni craintes ni terreurs injustifiées. Elles représentent plutôt un ensemble de connaissances et de compréhensions des conséquences, liées aux interactions entre l'humain et ces autres éléments. Ces autres membres d'un même corps ne sont donc pas classifiés en matière de bienfaisants ou malfaisants, mais simplement considérés comme ayant une logique comportementale qu'il vaut mieux connaître que redouter. Cela me fait d'ailleurs penser à une situation que j'ai vécue sur la réserve de Rosebud il y a quelques années. J'étais en train de partir à la rivière avec les enfants de la famille, quand un des anciens m'interpelle pour me conseiller de me munir d'un bâton. Quand je lui demande pourquoi, il me répond simplement qu'au mois d'août, les serpents à sonnette ont pour habitude de traverser le cours d'eau. Je lui fais alors remarquer que nous sommes au mois de juillet. Il me rétorque alors que, de sa propre expérience, il a déjà croisé des serpents qui étaient plus pressés que d'autres... Je vous garantis que lors de la baignade dans cette eau sablonneuse sans visibilité, à chaque fois que quelque chose effleurait mes jambes, en bon occidental je réussissais à produire des sauts dignes d'un champion de water-polo.

Pour continuer sur l'importance de cette harmonie avec le tout, il est intéressant de noter que dans le domaine de la santé, la plupart des maladies sont attribuées à une perte de connexion ou un déséquilibre entre l'individu et la nature qui l'entoure. D'ailleurs, de nombreux rites de guérison sont basés sur cette notion de ré harmonisation, ou de ré intégration du cercle.

Pour faire un parallèle entre le Grand Corps que

constitue la nature et celui de l'individu, nous pouvons imaginer que si ce dernier perdait momentanément l'usage de l'un de ses membres, le déséquilibre ressenti dans le reste de son corps nécessiterait un réajustement pour en rétablir la démarche. Par exemple pour les Navahos [37], la perte de cette harmonie, qu'ils nomment Ho'Zho', est considérée non seulement comme la cause de tous les désordres physiques ou mentaux, mais aussi comme base de la colère, de la violence et comme source des conflits. Pour symboliser le retour de cette harmonie, ils utilisent dans leurs rituels de guérison, des peintures de sable représentant les entités de l'au-delà adéquates à la situation. La peinture de sable est en fait considérée comme une porte temporaire sur l'harmonie de l'au-delà. Plus elle sera réalisée avec précision, plus elle sera efficace. C'est lorsqu'elle est terminée que le patient s'assoit en son milieu, afin de bénéficier du pouvoir des esprits représentés. Les rituels sont toujours accompagnés par des chants et peuvent durer jusqu'à neuf jours.

Puisque nous sommes dans le rapport Nature/Médecine/Au-Delà, je vais vous donner la signification du Calumet et des diverses parties qui le constituent. Nous verrons par là un autre aspect de cette globalisation du Grand Tout, même dans un instrument de prière. Le Calumet ou pipe sacrée, Canunpa Wakan en Lakota, est utilisé par la majorité des tribus d'Indiens d'Amérique du Nord. Il est indissociable de tous les rites, cérémonies ou prières. Il est, en fait, l'instrument principal majeur dans la communication avec l'au-delà. Le tuyau correspond soit à l'homme, soit au corps. Le bol correspond soit à la femme, soit à l'utérus. Le bois du tuyau représente tout ce qui est organique sur terre, tandis que le tabac représente la somme de toutes les créations ou existences. La pensée est la force créatrice. La fumée est la matérialisation visible de la prière. Le principe masculin du tuyau initie la vie, tandis que le principe féminin du bol la concrétise. L'ajout d'éléments décoratifs peut compléter la symbolique suivant le souhait du détenteur, mais nous pouvons déjà constater de par sa conception de base que tous les principes sont inclus dans cet instrument de prière.

Quitte à m'éloigner du sujet, je rebondis sur l'un des éléments que je viens de donner et qui peut avoir une importance dans la compréhension de l'attitude amérindienne. J'ai dit il y a quelques lignes, que le détenteur d'un calumet pouvait y ajouter les décorations de son choix pour y accentuer une symbolique en particulier. En fait, l'importance du singulier dans les sociétés amérindiennes et notamment celle des Lakotas, peut aussi se constater par la marge de liberté dans l'exécution des rites. Même si ces derniers et leurs codifications ont été apportés au peuple de manière sacrée par l'entité que les Lakotas nomment "Femme Bison Blanc", leur exécution n'en est pas pour cela rigide. Lors d'une cérémonie appelée Danse du Soleil [38] à laquelle j'avais assisté sur la réserve de Rosebud, j'avais remarqué que dans le dispositif, la couleur noire, normalement attribuée au point cardinal situé à l'ouest, avait été remplacée par le bleu. Mon amie m'avait alors expliqué que si l'Homme Médecine en charge avait reçu des entités avec lesquelles il communique, le conseil d'utiliser le bleu, c'était ce qu'il devait faire. En fait, j'ai compris par la suite et avec un peu plus d'expérience, que même si un cadre général avait été établi, les aptitudes et les pratiques d'un Homme Médecine sont des affaires entre lui-même et l'au-delà. Comme ils disent souvent, il y a autant de façons de prier que d'hommes.

Pour le petit corps, comme pour le Grand Corps

Pour définir le rapport au corps dans la vision amérindienne et en comprendre l'analogie avec la considération de la nature, utilisons à nouveau cette littérature orale ou, bien souvent, une seule image illustre toute une réflexion. " Mon corps est la terre sur laquelle je me tiens ". Partant de là, aucune place pour le dénigrement, la hiérarchisation ou la classification des fonctions de ce corps, mais simplement une volonté d'harmonisation sur les bases de la logique entre désirs, besoins et plaisirs. Je me souviens d'un Lakota qui me disait que selon lui, la constante classification des choses en un système binaire qui nous faisaient soit sacraliser, soit diaboliser les choses, nous plongeait dans une dualité permanente d'où ne sortait que le conflit. Il parlait aussi de la zone d'ombre. Par ce terme de zone d'ombre, il entendait cet espace interne où nous rejetions tout ce que nous considérions de mauvais en nous-mêmes. Ce comportement psychologique, initié par notre classification des sentiments, désirs et émotions comme vertueux ou malsains, créait en fait un rejet d'une partie de nous-mêmes. Ainsi, cette partie rejetée ne cessait de contre-attaquer, parce que faisant partie de nous-mêmes, elle provoquait un déséquilibre constant. Alors que pour lui, commencer par accepter ces sentiments en les considérant comme humains, constituait un grand pas vers l'harmonisation avec le reste. Bien que les arguments de cet homme méritent plus ample développement, il est frappant d'y constater le parallèle avec l'approche de la nature.

Aussi, si pour la vision monothéiste le parallèle entre le traitement de la femme et celui de Terre Mère est valable, il en est de même en ce qui concerne la vision amérindienne, mais pas pour les mêmes raisons.

Si l'homme et la femme sont parfaitement égaux en droit, cette dernière étant physiquement plus faible, elle requiert plus de protection. Parallèlement à ça, l'humain étant un élément de la nature sans avoir un statut supérieur, il peut cependant agir consciemment sur cette dernière en la protégeant, en l'exploitant ou en la maltraitant. De ce fait, il est entièrement responsable de ses actions envers elle. La femme est physiologiquement supérieure à l'homme, en ce sens ou à l'instar de la Terre Mère, elle peut donner naissance. Dans une société amérindienne traditionnelle de l'époque antérieure à la civilisation par l'homme blanc, l'homme rouge agit envers la femme comme l'humain agit envers la nature. Pour clore cette partie sur les rapports Religion – Nature – Corps, intrinsèques aux religions indigènes d'Amérique du Nord, je dirai que, de par les particularités que j'ai énumérées, on peut facilement envisager que les actes liés au religieux soient omniprésents au quotidien. Il ne faut pas cependant imaginer une messe du dimanche et son aspect solennel à raison de dix fois par jour...mais plutôt en marge des rites majeurs, une multitude d'actes de remerciement simples et proférés de manière individuelle dans des situations anodines du quotidien. Nous pouvons aussi mettre en relief cet aspect en opposant deux expressions, l'une venant du monothéisme, l'autre issue des religions amérindiennes. " À la Gloire de Dieu " - " Marcher dans la Beauté ".

Ce sont tes propres pas qui fabriquent ta route

Nous avons vu dans la partie traitant du monothéisme comment la notion de responsabilité personnelle pouvait être altérée par une obéissance sans concessions aux règles du livre. Au contraire, dans les religions amérindiennes et dans cette vision circulaire impliquant l'appartenance à un seul Grand Corps, la notion de responsabilité est primordiale. En effet, la conscience de l'interaction entre tous les éléments, insiste sur une responsabilité personnelle quant aux prises de décisions et à leurs conséquences. Cet aspect du comportement s'observe à tous les niveaux.

Par exemple, un individu pourra être en désaccord avec une personne, voire considérer ses agissements comme néfastes ou répréhensibles, sans pour cela se livrer à un "jugement" radical et définitif sur cette personne. Le fait est que, cet individu n'ayant ni la personnalité ni le vécu de la personne incriminée, il considérera qu'il n'a pas tous les éléments pour comprendre pourquoi cette personne a "pris la décision" d'agir de la sorte. Ce raisonnement peut paraître assez schématisé quand exposé de la sorte, mais même si c'est le cas, répandu à plus grande échelle, ce genre de comportement peut poser les jalons d'une société de singuliers et donc non manipulable par le haut. Ce qui était d'ailleurs le cas. Une incidence inattendue de ce genre de comportement concerne l'époque où les Amérindiens ont eu le droit de siéger au sein de jurys populaires. Ces derniers se faisaient toujours remarquer par leur manque d'entrain ou de radicalité dans leurs prises de décisions quant au sort de l'accusé.

Voyons maintenant trois exemples d'histoires et de légendes dans lesquelles les conséquences liées aux actes sont entièrement assumées. Loin des délires "New Age" associant le monde amérindien à un "tout le monde il est beau, tout le monde il est gentil", ces histoires exposent une logique inhérente aux lois de la nature et donc à la nature de l'homme.

Premier exemple :
Une jeune Indienne se promenant en plein hiver, découvre un crotale à moitié gelé et sur le point de mourir. Elle décide alors, dans un élan de cœur, de le garder au chaud chez elle jusqu'à la fin de l'hiver. À l'arrivée du printemps, le crotale reprenant des forces et retrouvant la vie, attaque la jeune femme de sa morsure fatale. Avant de succomber, la jeune femme s'adressant au crotale demande : "Je t'ai recueilli et soigné alors que tu étais mourant, comment se fait-il que tu m'aies attaqué ? ". Ce à quoi le crotale répondit : "Quand tu m'as recueilli, tu as bien vu que j'étais un crotale ? ".

Deuxième exemple :
Un fermier blanc qui avait acheté un terrain au sud-ouest des USA, y faisait construire une ferme en employant des ouvriers issus du Diné (peuple) Navaho. Découvrant un endroit sur sa propriété où grouillaient les serpents à sonnette, il demanda aux Navahos de trouver une solution. Le lendemain, allant s'enquérir de l'avancée des travaux, il fut surpris de découvrir un grand nombre de serpents morts. Interloqué il demanda alors : "Les serpents ne sont-ils pas les amis des Indiens ? ". Ce à quoi les Indiens répondirent : "Si, bien sûr, mais là il y avait vraiment beaucoup trop d'amis".

Troisième exemple :

Dans une des légendes apaches, il est dit, en parlant de l'origine des hommes, que suite à un déluge, deux individus gravissaient une montagne. Au sommet de celle-ci, se trouvaient un arc et un fusil.

Le premier qui arriva au sommet s'empara du fusil et devint l'homme blanc. Le second s'empara de l'arc et devint l'indien. À la question "Que serait-il arrivé si celui qui devint l'indien était arrivé en premier ? ", la légende répond : "Il aurait choisi le fusil".

Toujours en ce qui concerne la responsabilité, nous avons vu un peu plus tôt que l'homme pouvant décider de ses agissements envers la nature, il était donc responsable envers elle. Dans l'exemple de littérature orale qui suit, l'accent est mis sur l'implication de l'homme dans le bon enchaînement des cycles : "La terre où nous vivons n'est pas un don de nos ancêtres, ce sont nos enfants qui nous la prêtent". Cette image est doublement intéressante dans le sens où elle renferme non seulement la notion de responsabilité, mais aussi la notion Espace/Temps typique de la vision amérindienne. Nous sommes en charge de cette Nature "maintenant", et ce sont nos descendants "futurs" qui agissent déjà "ici" en nous la prêtant. Ce concept de responsabilité est bien sûr aussi présent dans le rapport à l'invisible. Les dimensions étant interconnectées, les cérémonies ont donc de fait, des répercussions sur le monde visible. Les multiples dimensions étant des aspects du même Tout, les mêmes règles régissent l'interaction verticale ou horizontale. Les individus participant aux cérémonies ont toujours recours à des rites de purifications de manière à ne pas altérer la communication avec l'invisible par un parasitage qui provoquerait des conséquences. J'ai d'ailleurs vécu une expérience particulière lors d'une cérémonie, où cette notion de responsabilité a provoqué un problème momentané. Si alors je me souviens avoir été plus qu'étonné, j'ai pu me rendre compte par la suite et au fil des séjours que la situation n'était pas exceptionnelle.

En juillet 2004, lors de mon premier séjour sur la réserve de Rosebud, j'avais été invité à participer à une journée de cérémonie au sein du pénitencier d'état de Sioux Falls, dans le Dakota du Sud. La raison pour laquelle j'y avais été convié tient au fait que la personne avec qui j'entretenais alors une correspondance épistolaire depuis plusieurs années, y purgeait sa peine. C'est par le biais du groupe spirituel amérindien de la prison que j'avais donc reçu cette invitation. Je reviens à la situation.

Lors d'une danse intertribale, une des plumes d'aigle faisant partie du costume de l'un des danseurs se décroche et tombe sur le sol. Instantanément, tous les danseurs et les chanteurs se figent. Il en est de même pour tous les spectateurs. Au bout d'une quinzaine de minutes, un des chanteurs se lève et se dirige vers l'endroit où est tombée la plume. Après avoir fait brûler de la sauge et s'être purifié par le biais de sa fumée, il ramasse la plume. Après l'avoir présentée aux quatre directions, au ciel et à la terre, il la refixe sur le costume du danseur l'ayant perdue. Tout reprend alors comme si le temps se remettait en mouvement. Le motif de cet arrêt soudain, mais surtout du délai avant la reprise s'explique simplement. La plume d'aigle représentant la communication avec l'au-delà, elle fait partie des objets les plus sacrés en matière de religion. Comme je l'ai dit précédemment, la nécessité d'être pur pour manipuler des objets rituels vient du souhait de ne pas créer d'interférence entre les vibrations positives et ce qui peut les parasiter. Voilà pourquoi prendre la responsabilité de ramasser la plume est une décision qui ne peut pas se prendre à la légère du fait de ce que ce geste implique. Par définition, la prison n'étant pas un lieu où la pureté saute aux yeux, il est compréhensible qu'il y ait eu hésitation...

Suite aux divers exemples donnés mettant en exergue l'aspect fondamental de la responsabilité personnelle, il apparaît comme une évidence que les religions amérindiennes n'ont pas besoin de Dieu coercitif.

Quand on a pour vision du monde l'interaction avec le Tout, nul besoin d'injonctions divines pour constater une évidence, ni de théorie complexe pour expliquer un truisme, ni de menaces de damnations, pour comprendre la cause et l'effet.

Justice pour l'harmonie

En ce qui concerne la justice et ceci dans l'ancien temps, un individu considéré comme néfaste à l'harmonie de la tribu, c'est-à-dire à l'harmonie du cercle, était tout simplement banni. Nous pouvons encore voir dans cet acte la présence de la notion d'espace. Cet individu n'était donc pas gardé à l'intérieur du cercle, dans une prison où il allait passer du "temps", mais bien éjecté de "l'espace".

Cependant pour la plupart des litiges, c'est la réparation qui primait. C'est par la concertation des parties impliquées et l'arbitrage des responsables de la tribu qu'un consensus était trouvé, ainsi qu'un mode de réparation. Le cas de Crow Dog [39] contre Spotted Tail [40] illustre bien à lui seul cette forme de justice ainsi que la notion de responsabilité, mais aussi le mode par lequel la culture dominante a alors commencé à détruire les fonctions traditionnelles. C'est en 1881 sur la réserve de Rosebud, que Crow Dog de la tribu des "Brûlés Sioux" assassina le chef Spotted Tail. Je ne reviendrai pas sur les motifs qui font encore l'objet d'une controverse aujourd'hui. Dans un délai très bref, les représentants de la justice tribale réunirent les deux parties afin de convenir d'un mode de réparation, condition essentielle au retour de l'harmonie. Comme mentionné plus haut, dans la loi non écrite des Lakota, le meurtre est puni par l'exil. Si la famille de l'accusé n'accepte pas de consentir au mode de réparation, alors la famille de la victime a droit en théorie de châtier le coupable elle-même. Je précise "en théorie", car pour éviter d'autres effusions de sang et le cycle de la vengeance, c'est pratiquement le mode de la réparation qui est choisi à chaque fois. C'est ce qui fut donc fait dans le cas de Crow Dog contre Spotted tail. Cependant, les colons blancs de la région ainsi que le bureau gouvernemental des affaires indiennes, le BIA [41], n'étant pas satisfaits de l'issue de l'affaire, Crow Dog fut quand même arrêté. Suite à son arrestation et sachant qu'il encourt à coup sûr la pendaison, Crow Dog demanda alors un délai afin de régler ses affaires en cours sur la réserve. Le délai lui fut accordé. Arrivée à la date choisie par le tribunal pour son retour en détention, une tempête de blizzard faisait rage d'une telle force, qu'il paraissait impossible à quiconque de simplement traverser la rue. C'est alors qu'au tribunal, les paris furent tenus quant au retour de Crow Dog ou à son éventuelle fuite. C'est pourtant ce jour-là et à l'heure choisie que Crow Dog assumant son acte et respectant sa promesse, émergea alors de la tempête. Sans aucune surprise, le verdict lié à l'affaire fut la condamnation à mort. Toutefois, après avoir fait appel auprès de la cour suprême, son avocat obtint un acquittement pur est simple sur la base des motifs suivants : une réserve indienne étant un territoire souverain de par les traités, les crimes n'impliquant que des Indiens dépendent de la justice tribale. Crow Dog ayant déjà été jugé par ses pairs, il ne peut être jugé à nouveau. C'est ce qui sera consigné dans les archives comme le cas "ex-parte Crows dog 1883".

Cependant, la volonté d'expansion de la loi fédérale à l'intérieur des réserves se faisant déjà sentir depuis plusieurs années, c'est en 1885, c'est-à-dire deux ans plus tard, qu'est voté par le congrès le "Major Crimes Act" . Cette loi autorise alors l'intervention des fédéraux en territoire indien, pour sept sortes de crimes énumérés dans son texte (aujourd'hui, la liste s'étend à quatorze).

Nous pouvons donc voir dans l'exemple Crow Dog/Spotted Tail, le souci immédiat de ré harmonisation de la tribu, même à la suite d'un bouleversement aussi grave qu'un crime. Crow Dog étant reconnu comme un personnage influent et considéré au sein de son clan, c'est l'option réparation qui a été choisie plutôt que le bannissement. Nous pouvons aussi remarquer de l'autre côté une société soi-disant issue d'une philosophie réprimant l'acte de la vengeance, n'agir que par cette dernière. À noter en parallèle que la réaction qui engendre le "Major Crimes Act" fut un des premiers pas vers l'éradication de l'influence traditionnelle au sein des réserves indiennes. Après la déportation qui avait souvent éloigné les tribus des lieux importants pour leurs religions, les tentatives de démantèlement se poursuivirent par le parasitage de la notion de justice.

Aujourd'hui, malgré les assauts dévastateurs d'un ethnocide toujours actuel et malgré la politique d'acculturation systématique qui perdure depuis un siècle et demi, les bases de la vision du monde que je viens de décrire sont toujours vivantes. Depuis quelques années, elles tendent même à se régénérer par le biais d'un certain traditionalisme. Une amie française qui a visité les réserves de Rosebud et Pine Ridge pour la première fois cette année m'a fait dès son retour une réflexion intéressante. Sa remarque m'a convaincu qu'elle avait compris maintenant ce que je m'efforçais de décrire. "Malgré la misère affligeante et un aspect chaotique global, il y règne quelque chose de plus humain que chez nous".

Le cercle et l'étranger

Après avoir étudié quelques points caractérisant les religions amérindiennes et la vision circulaire du monde qu'elles impliquent, je voudrais par un exemple historique lié à l'histoire de notre pays, illustrer le comportement de ces philosophies locales quant au rapport à l'étranger.

Nous avons vu au préalable que la vision monothéiste tendait à vouloir unifier, non pas par la tolérance mutuelle, mais par l'uniformisation. Cette course contre la montre avant le jugement dernier, cette obsession de l'unité dans un monde où il n'y en a pas, n'ont pu que favoriser les conquêtes et l'asservissement de ceux qui, ailleurs sur la terre, avaient un autre angle de vue.

Le sempiternel discours visant à expliquer à des indigènes heureux, qu'il allait falloir tôt ou tard qu'ils reconnaissent leurs erreurs, aurait parfois pu faire sourire, voire même être étudié, si l'issue de cet exposé dans un grand nombre de cas n'avait été un bain de sang ou une mise en esclavage.

Comme je le mentionnais plus tôt en faisant référence à un ami Lakota, au sujet de la classification binaire entre sacré et maléfique, ce conflit interne et constant que ce comportement implique est tout à fait transposable à l'échelle de la société. Un conflit par définition, implique plusieurs parties qui s'opposent et espèrent une victoire. Dans un cas de figure binaire, le A veut vaincre le B et vice-versa. Si nous prenons alors les idéologies monothéistes et ce conflit entre le bien et le mal qui les caractérise, le parallèle est flagrant entre le combat interne à chaque individu, et la volonté à l'échelle universelle de la victoire de A sur B. Or, il en est tout à fait autrement dans la vision amérindienne. Non seulement la solution ne réside pas dans l'anéantissement de l'une des parties, mais elle n'apparaît pas non plus dans la synthèse des deux au sens Marxiste du terme. En fait, dans cette vision Amérindienne, le comportement semble plus se traduire par une constante interaction entre le A et le B et une constante adaptation des deux parties entre elles. En ce sens, pour continuer avec un autre terme politique, cette façon de faire s'accorde parfaitement avec la définition de la philosophie anarchiste que donne Rudolf Rocker [42]. Ce dernier met en effet l'accent sur l'aspect non figé de ce mode de pensée, ainsi que sur la perfectibilité illimitée des arrangements et adaptations et ceci dans tous les domaines. Si ces dernières lignes peuvent donner l'impression que je m'éloigne du domaine de la religion, n'oubliez pas que les "Conseils venus d'en haut" ne sont pas des règles à suivre pour une future vie éternelle, mais bien pour une organisation dans un ici et maintenant. J'aborderai plus longuement dans le troisième livret de l'essai (Phase 3), ces passerelles idéologiques entre résistances indigènes du continent américain et la vision post-anarchiste de ces dernières années. Je reviens maintenant à cet exemple lié à l'histoire de notre pays et dont les évènements qui vont étayer mes propos prirent place sur un territoire jadis nommé Nouvelle France.

En 1603, c'est à Tadoussac et lors de la cérémonie amérindienne que l'on nomme Tabagie, que Samuel de Champlain [43], assisté de Gravé Dupont [44], entérine la première véritable alliance entre Français et Autochtones. Si cet accord est rendu possible, c'est essentiellement grâce aux contacts déjà établis et aux rapports amicaux entretenus par les pêcheurs basques, bretons et normands, avec la population indigène et cela depuis le début du 16ème siècle. Même si l'histoire se focalise surtout sur les expéditions officielles et encense leurs protagonistes, ce sont les expéditions de pêches qui posèrent les véritables jalons d'une entente Franco-Indigène. D'ailleurs au 16ème siècle, la route maritime la plus empruntée par les marins européens est celle que suivent les morutiers et baleiniers. À ce sujet, il y a deux styles de production de morue. La morue verte et la morue séchée. La raison pour laquelle je précise ce détail tient au fait que si pour la morue verte tout se passe à bord, pour la morue séchée, la salaison se fait à terre. Il est donc logique que par l'établissement de campements, le contact avec les indigènes se soit fait naturellement. Les pêcheurs ayant simplement pour souhait de parfaire leur travail dans de bonnes conditions, nous pouvons imaginer que la connexion avec les autochtones n'a pas été basée sur un mode agressif. D'ailleurs, il n'était pas rare que d'une année sur l'autre, les pêcheurs laissent un jeune marin sur place de manière à ce que ce dernier, en apprenant la langue, favorise les futurs échanges. Les transactions qui débutèrent sous la forme de troc entre ustensiles métalliques et vêtements de fourrure allaient rapidement se transformer en commerce régulé.

C'est par l'établissement de pelleteries dans les zones stratégiques que l'organisation nécessaire à la transformation de ce troc en véritable commerce contribua à développer, entretenir et solidifier les rapports Franco/Autochtones. Sans entrer profondément dans les détails de cette période en risquant de trop m'éloigner du sujet, je vais quand même en citer quelques points qui me paraissent importants pour la compréhension de la suite.

La compagnie des cents associés – 1627 / 1663

Initiées par Richelieu, cette entreprise fut le premier acte de colonisation vraiment organisé. Elle comprenait une centaine d'associés parisiens et normands. La plupart d'entre eux étaient des officiers du Roi, mais aussi des maîtres pelletiers et des marchands au long cours. Majoritairement, ces investisseurs étaient moins intéressés par le développement colonial que par le fait de s'attirer les faveurs de Richelieu. En ce sens, même si les capitaux étaient privés, ce fut quand même une création politique. En ce qui concerne les droits qui étaient conférés à la compagnie, ils englobaient les territoires compris entre la Floride et le pôle Nord d'une part et entre Terre Neuve et ce qu'à l'époque on nommait "la Mer Douce", c'est-à-dire les Grands Lacs d'autre part. Ces droits accordaient la perpétuité pour la traite de la fourrure, ainsi que le monopole du commerce pour quinze ans (sauf pêcheries).

Les capitaux apportés par la compagnie devaient en contrepartie permettre l'établissement de quatre mille colons catholiques sur une période de quinze ans et ceci en assurant leur entretien pendant les trois premières années. Cette contrepartie entendait aussi la conversion des Indiens en "Naturels Français ", point important pour le sujet sur lequel je reviendrai plus tard.

En ce qui concerne le traité des fourrures, son fonctionnement implique une conséquence assez importante pour qu'elle soit soulignée.

Depuis le début de ce commerce, la collecte des fourrures était majoritairement prise en charge par les alliés Hurons [(45)]. En récupérant la marchandise sur tout le territoire, ils l'acheminaient vers Montréal, Québec et tous les lieux où s'étaient établies des pelleteries. De ce fait, il n'y avait pas besoin d'une colonisation massive de la part des Français pour assurer le fonctionnement de ce commerce. Le fait que les colons n'aient pas été en très grand nombre a favorisé ce phénomène typique de la vision circulaire du monde chez les Amérindiens, à savoir l'harmonisation par l'absorption dans le grand cercle de ce nouveau protagoniste. Ces nouveaux "éléments" venus d'ailleurs et se pliant au système des alliances en respectant les coutumes, ont donc été considérés comme une tribu parmi les tribus. C'est d'ailleurs certainement la raison pour laquelle les Français ont pu perdurer. Une attaque massive des autochtones sur les colons de l'époque aurait en peu de temps éradiqué jusqu'à leur souvenir. L'absorption dans le grand cercle de cette nouvelle tribu a eu pour effet, d'un côté de réharmoniser l'espace avec ce nouvel élément, et d'un autre de contenir un tant soit peu son expansion et les visées universalistes inhérentes à sa nature occidentale.

Que cela soit dans un grand cercle comprenant plusieurs tribus alliées, ou au sein du cercle des sociétés sans état typique de ces tribus, l'interaction permanente entre tous les éléments et leurs intérêts particuliers, ne favorise pas vraiment l'émergence d'un suprématisme ou d'une uniformisation. C'est la raison pour laquelle, malgré les multiples tentatives et efforts de francisation de ces nouveaux territoires, la tribu de France a, comme nous le verrons plus tard, été en proie à un phénomène inattendu et imprévu par les dirigeants français de l'époque.

Avant de revenir au devoir de conversion des Indiens et aux tentatives de francisations de ces derniers, je voudrais compléter ces quelques lignes sur la compagnie des cent associés, par l'histoire de son déclin. Certains des éléments ayant provoqué cette chute me permettront d'enchainer logiquement avec la suite de l'exposé.

Si l'entreprise de Richelieu est plus ou moins affaiblie par le contexte de la guerre de Trente Ans en Europe, elle est sans cesse fragilisée au sein de la Nouvelle France par les guerres Franco/Iroquoises. Les Français étant profondément liés aux Hurons par le système des alliances, ils ont de fait les mêmes ennemis, en l'occurrence les Iroquois. Il est important de souligner ici que, contrairement à la littérature jésuite qui les dépeint comme des monstres diaboliques avides de sang français, les Iroquois n'ont pas de haine viscérale envers le "nouvel élément". C'est simplement par le même biais des alliances qu'ils en sont logiquement les ennemis. Si la description passionnée des tortures iroquoises était mise en parallèle avec certaines pratiques occidentales en territoire colonisé, cela ferait rapidement passer l'arrachage des ongles pour une cérémonie courtoise. La hiérarchisation des victimes existant depuis longtemps, tout dépend bien sûr de l'agence de communication qui relate l'information (dans ce domaine, je ne parierai pas sur l'impartialité des jésuites).

Si les parties de guerres, raids et escarmouches, sont plus ou moins constantes entre Hurons et Iroquois, ils s'intensifièrent vers le milieu du 17ème. De plus, entre 1640 et 1650, des épidémies liées aux maladies importées par les colons touchèrent beaucoup plus sévèrement la Nation des Hurons que celle des Iroquois. L'affaiblissement de la force huronne allait alors être accentué par deux autres éléments. La différence d'armement et la christianisation. Si les Iroquois sont très bien fournis en fusils par les Néerlandais qui tentent aussi de jouer leur carte dans la région, seuls les Hurons baptisés sont armés par les Français. Les convertis ne représentant alors qu'une minorité, le déséquilibre est de ce fait très important. De plus, la christianisation de certains Hurons et le changement de comportement qu'il implique pour les convertis provoquent dissensions, disputes et conflits, au sein même de la nation. C'est donc par cette nouvelle forme de division et la déstructuration qu'elle implique, que l'harmonie du cercle huron est immédiatement bouleversée.

La somme de tous ces éléments précipite alors la Nation huronne vers ce que les historiens nomment : "La chute de la Huronie".

Avant d'aborder la suite, j'y ajouterai une parenthèse sur la conséquence au niveau du commerce qu'implique cet évènement. Comme nous l'avons vu un peu plus tôt, la collecte des fourrures était assurée par les Hurons. Suite à la désorganisation des réseaux, il fallut alors trouver des moyens pour que puisse perdurer cette activité commerciale. C'est donc à partir de cette époque que se multiplièrent ces trappeurs ou "Coureurs de bois" qui alimentèrent bien des récits et dont les traces encore vivantes aujourd'hui, résonnent dans les patronymes français d'un grand nombre d'Amérindiens.

Francisation programmée / Indianisation imprévue

Dans cette "Nouvelle France" du 17ème et dans l'atmosphère universaliste de l'époque, une politique de francisation fut déclenchée jusqu'aux environs de 1680. Les sauvages étant considérés comme des humains, ils étaient donc de ce fait aptes à être "sauvés" par l'acquisition de la "vraie culture" et la conversion à la "vraie foi". Dans ce type d'assimilation ethnocentrique et cette recherche d'unité typique de la vision linéaire, le basculement identitaire nécessaire à l'uniformisation implique la négation des particularités de l'individu. L'imposition et l'implantation des nouveaux critères, ou plutôt des seuls critères considérés comme valables, s'opèrent d'abord par la conversion à une autre vision du monde. Un Indien christianisé était alors catégorisé comme "Naturel Français". Par la vraie foi, il devenait chrétien, ce qui le rendait apte à recevoir la vraie culture, en l'occurrence celle qui faisait de lui un Français. L'adaptation aux nouvelles règles, aux nouvelles situations et aux nouveaux comportements imposés par la culture du colon ne pouvait s'opérer que par la colonisation mentale de l'individu à assujettir. Les concepts tels qu'exploitants/exploités, clivage entre riches et pauvres, inégalités économiques et injustices sociales, étaient tellement étrangers à l'indigène dont la vision du monde admet l'appartenance à un Grand Corps de tous les êtres vivants que la validation de ces nouvelles données de vie nécessitait un bouleversement identitaire. C'est donc là que l'idéologie du christianisme enfermant en elle-même le programme de soumission intervenait par l'imposition de ce concept d'obéissance aux puissants, nécessaire à toute société pyramidale.

Parallèlement à "l'assainissement" du terrain par la christianisation, c'est par le mariage mixte et l'encouragement de sa pratique que la francisation ou du moins ses tentatives furent planifiées.

Encore encouragé par Colbert en 1674, c'est donc par ce procédé que les enfants uniformisés issus de ces familles mixtes devaient constituer le ciment de cette extension de la France. Nous allons voir maintenant que les résultats de l'expérience furent loin de combler les attentes des instigateurs de ce projet.

Pour des raisons déjà citées, l'absence de colonisation massive et la pratique systématique de l'alliance au lieu d'un rapport conflictuel, furent les facteurs principaux qui, directement ou indirectement, mirent à mal les tentatives de francisation. En effet, le contexte étant de ce fait assez souple pour permettre à la culture amérindienne d'influencer les colons, ce fut un certain nombre de Français qui choisirent l'indianisation. Ainsi, sur ce terrain rendu adéquat par la promiscuité entre Français et autochtones et de par une certaine équité dans leurs échanges et leurs rapports, cette "harmonisation du nouveau" intrinsèque à la vision circulaire du monde de ces cultures indigènes, a pu de ce fait s'opérer.

Avant de continuer sur le sujet, je voudrais faire une parenthèse. Ces sociétés sans état typiques de l'ancienne d'Amérique du Nord, par leur nature, ne peuvent pas être détruites par le haut. C'est d'ailleurs la raison pour laquelle, même lors de la colonisation espagnole en Amérique Centrale et du Sud, les conquistadors eurent beaucoup de difficultés face à des nations sans gouvernements centraux, comme dans le nord du Mexique ou au Chili. La particularité d'une nation non construite sur le hiérarchisme et non dirigée par un chef suprême, réside dans le fait que pour la dominer complètement, il faut soit détruire son mode de fonctionnement et le mode de pensée l'ayant engendré, afin de le remplacer par le modèle pyramidal et d'en contrôler le leader, soit opter pour la solution génocidaire. Ce fut ce que choisirent un George Washington ou un Thomas Jefferson et qui fut on ne peut plus clair dans leurs discours officiels [46]. Voilà pourquoi en ce qui concerne les visées françaises en Amérique du Nord, l'uniformisation par la francisation ne pouvait avoir aucune chance de succès avec les moyens employés. Pour revenir sur cet échec et sur ce phénomène d'indianisation qui toucha nombre de colons, je voudrais citer une phrase prononcée par le Père Charlevoix [47] au 18ème siècle résumant à elle seule la nature de la situation. "L'expérience non pas de dix ans, mais de plus d'un siècle, nous a appris que le plus mauvais système pour bien gouverner ces peuples et les maintenir dans nos intérêts, était de les approcher des Français (...). On ne pouvait plus douter que le meilleur moyen de les christianiser ne fût, de bien se garder, de les franciser". J'attire tout d'abord votre attention sur la première partie de la constatation. "... Pour bien gouverner ces peuples et les maintenir dans nos intérêts". De la part d'un ecclésiastique, il est intéressant de noter l'aspect purement politique de la remarque. Il n'est nullement question ici du salut des âmes. De plus, nous pouvons aussi souligner l'emploi de la formule "dans nos intérêts" qui jusqu'à aujourd'hui constitue le "fourretout" mystérieux et indiscutable pour tous les dirigeants. Dans la seconde partie de la remarque, à savoir "que le meilleur moyen de les christianiser ne fût de se bien garder de les franciser", en remettant sur la table l'acte du devoir religieux, il n'en admet pas moins que la promiscuité Franco/Indigène n'engendre pas vraiment le résultat escompté.

Avant d'aborder en plusieurs détails les causes de ce phénomène, je voudrais citer un autre ecclésiastique, le récollet Sagard [48]. De par sa remarque, il introduit bien le sujet. "Comme ils sont libertins et ne demandent qu'à jouer et à se donner du bon temps (...), ils oublient en trois jours ce que nous leur avons appris en quatre". Remarquons tout de suite que le fait de se donner du bon temps ne semble pas être louable dans un mode de pensée où seule la souffrance est validée comme obtentrice de bonus céleste. Or, pour rebondir sur l'aspect soi- disant libertin des mœurs amérindiennes, il faut d'abord apporter une précision sur la liberté des mœurs sexuelles et notamment en ce qui concerne la femme. Si cette dernière évite de batifoler une fois mariée, ce n'est pas parce qu'elle devient la propriété d'un homme, mais simplement parce que dans un système familial apparié (divisé en clans ou gens), la traçabilité des enfants est essentielle pour éviter les risques de consanguinité. Ainsi, avant d'être unie à un homme ou après avoir divorcé, elle est entièrement propriétaire et responsable de son corps et n'a de comptes à ne rendre à personne quant à ses agissements. Il est important aussi pour compléter le tableau concernant les unions, de souligner que si le mariage est très facile à obtenir, le divorce l'est tout autant. Une simple constatation mutuelle de son dysfonctionnement permettra aux deux époux de prendre congé l'un de l'autre. À ce stade-là, il me semble déjà logique que le colon français de base, habitué au "oui ou non" définitivement "meilleur ou pire" du mariage à l'occidentale, se soit senti moins timide face à une éventuelle union. De plus, au lieu de sans cesse pécher par la chair derrière une bigoterie de façade, il pouvait là vivre ses sens sans en chercher motifs bibliques. Viennent aussi s'ajouter aux raisons de cet "ensauvagement", l'aspect économique inhérent à ces sociétés et le mode non coercitif sur lequel elles fonctionnent :

Basées sur l'absence de propriété privée, si ce n'est pour ce qui constitue les effets purement personnels, ces sociétés amérindiennes, dans la grande majorité des cas, ne connaissaient pas de hiérarchisation par la richesse matérielle ou l'accumulation de biens. D'ailleurs, en ce qui concerne le travail quotidien nécessaire à ce style de vie, comme le dit Pierre Clastres [49] dans "La société contre l'État", dans ce style de système, on ne perd pas sa vie à la gagner. Toujours pour citer cet anthropologue, il disait de ces sociétés qu'elles étaient abondantes dans la sobriété. Quant au sujet de leur technologie, je cite : "L'outil s'adapte au choix de vie et non pas le contraire". D'ailleurs, pour m'inspirer de l'une de ses images, je dirai que si un individu issu de ce style de société a besoin de deux heures par jour pour couper le bois nécessaire à sa consommation quotidienne et si pour cela il dispose d'une hache de pierre, l'acquisition d'une tronçonneuse ne lui fera pas couper plus de bois dans le même temps, mais plutôt travailler huit fois moins longtemps en accomplissant sa tâche en quinze minutes.

Au sujet de la mise en commun des biens essentiels à la vie quotidienne, je voudrais décrire une pratique courante chez les Lakota. La cérémonie du "Give Away" ou redistribution des biens, encore en vigueur aujourd'hui, consiste en la mise en commun ou la distribution des biens non strictement personnels d'un individu. Par exemple lors du décès d'une personne, si ses affaires personnelles sont soit brûlées, soit font partie de sa sépulture, tout le reste est partagé au sein de la communauté. Cette coutume n'accompagne pas seulement les funérailles de l'un des membres de la tribu, mais nombre d'autres cérémonies. Dans ce cas-là, c'est l'individu ayant demandé l'exécution d'un rite auquel est associé le "Give Away", qui pratiquera ce partage.

Si l'impossibilité pour quiconque de s'élever au-dessus des autres par l'accumulation de biens fut la critique émise par les religieux à l'époque de la création des réserves, c'est aussi une des raisons pour lesquelles les Lakota pratiquent cette coutume. Au-delà de ce motif, c'est aussi une assurance pour chaque individu de la communauté, de ne jamais être complètement démuni. D'ailleurs, l'expression argotique amérindienne pour définir cette pratique est "l'assurance indienne".

Pour illustrer cette notion d'abondance dans la

sobriété, je voudrais décrire un fonctionnement qui pouvait être observé au sein de certaines tribus d'Amérique latine, jusqu'à ce que le marché et sa loi ne le rendent quasiment impossible. Ce qui est intéressant dans cet exemple se traduit par le fait que ce procédé était tellement ancré qu'il a perduré même après la christianisation. C'est par le système des fêtes basées sur l'organisation religieuse et la célébration de nombreux saints que ce processus s'opérait. À tour de rôle, chaque représentant des familles étendues était en charge de l'organisation et du bon déroulement des cérémonies et festivités liées à une célébration. Si le rôle de l'organisateur conférait à son détenteur prestige et célébrité ponctuelle, les dépenses et les frais engagés dans l'organisation, avaient eu pour effet, un amoindrissement conséquent des biens de la famille en charge. De ce fait, comme l'explique Jean Pierre Bastian [50], professeur de sociologie des religions, "(...) la communauté indigène se nivelait au travers de ces processus de consumation de l'excédent, empêchant toute mobilité sociale autre que symbolique". Pour revenir au phénomène d'indianisation ayant eu lieu dans cette Nouvelle France, il n'est pas trop hasardeux d'admettre que l'aspect non coercitif du fonctionnement des sociétés indigènes, fut un facteur déterminant dans le glissement de certains colons vers une renaissance sauvage. Que cela concerne ce que l'on pourrait nommer la pratique de l'association volontaire pour chaque entreprise et action de la vie communautaire, ou que cela soit lié à la liberté des mœurs sexuelles, que cela ait un rapport avec la non-nécessité de l'accumulation de biens, ou que cela vienne du fait de remplacer le concept obéissance/punition par celui de responsabilité/conséquences, il me paraît plutôt normal qu'un nombre conséquent de sujets, aient préféré le gain de liberté au maintien des entraves. L'absence du pyramidal, la non-hiérarchisation des êtres par leurs possessions matérielles et le travail pour le nécessaire et

89

non par obligation, n'ont pu constituer que des aspects attrayants pour des Français de l'époque. Il en est bien sûr de même en ce qui concerne le carcan de la régulation du comportement par toutes sortes d'autorités, basées sur la bonne naissance de ceux qui peuvent les exercer.

Mais qui étaient ces nouveaux convertis au mode de vie libertaire ? Ce qui est significatif de l'attraction dont je vous parle se constate par le fait que ce qui devait sans doute être considéré par les dirigeants de l'époque, comme un mal imprévisible, pouvait toucher tous les acteurs de cette Nouvelle France. En effet, du militaire au notable, du coureur des bois à l'individu lambda, toutes sortes de Français devinrent des "adoptés".

Pour continuer sur le sujet, quelques indications sur le terme "adopté".

En choisissant de me baser uniquement sur mon expérience au sein d'une famille Lakota, voici ce que je peux en dire. Le terme Lakota "Hunka", qui est choisi pour définir un lien de parenté par adoption et qui est associé au terme définissant les degrés de parenté comme fils, fille, mère, etc., a aussi une racine qui le rapproche d'un terme connoté "faisant partie des ancêtres". De ce fait, si arbre généalogique il y avait, le membre adopté y apparaîtrait. D'où une certaine notion de responsabilité qui se dégage de ce lien et de cette appellation. Pour les Lakota, le lien familial entre parents "Hunka" et parents par le sang est aussi fort. D'ailleurs, sauf si vous leur demandez des précisions sur la personne, le terme "Hunka" n'est pas automatiquement associé au terme définissant le degré de parenté. À chacune de mes nouvelles rencontres avec un membre du clan ou de la tribu, il n'est pas rare que l'ancêtre français ayant été adopté à l'époque soit mentionné. Je me souviens d'ailleurs de ma rencontre avec l'un des directeurs de l'université Sinte Gleska de la réserve de Rosebud. Ce dernier, se nommant Léonard Bordeaux, m'avait retracé l'entière lignée de Français étant associés à sa famille sur plusieurs générations. Vous imaginez mon expression quand Léonard m'a prouvé, faits à l'appui, que par son nom de famille il pouvait remonter jusqu'à Pépin le Bref... J'aurais imaginé un autre contexte pour repenser à Pépin.

Pour mieux définir le phénomène d'adoption et l'importance du lien qui en découle, il faut revenir un instant sur la particularité de la vision amérindienne du monde et le phénomène d'harmonisation d'un nouvel élément. Comme nous l'avons vu au préalable, la nouveauté n'est ni rejetée, ni uniformisée, mais absorbée par le cercle. Quand une personne est alors adoptée, ce n'est ni pour l'aspect exotique de l'acte, ni pour lui faire plaisir, mais tout d'abord pour sa valeur, pour ce qu'elle est, et donc pour la "richesse" qu'elle représente pour la famille ou le clan l'adoptant. En ce sens, c'est le singulier qui est adopté et sa particularité qui est acceptée au sein du cercle comme un apport. Au contraire de l'assimilation ethnocentrique, la tribu ne demande pas à l'adopté de se transformer, de changer ou d'être quelqu'un d'autre. Il est intéressant de noter que le désordre mental qui consiste à demander à une personne de changer de religion si elle veut être acceptée ne se conçoit même pas. Je reviendrai sur ce point plus tard. La seule chose qui est attendue de la part de l'adopté, c'est ce que l'on pourrait nommer aujourd'hui le respect du contrat social. De fait, seuls les actes mettant en danger la paix et l'harmonie au sein du cercle sont donc rédhibitoires.

À ce sujet, je voudrais vous raconter une histoire qui s'est déroulée au sein d'une famille Lakota de la réserve de Rosebud, il y a environ 150 ans de ça.

À cette époque et comme il n'était pas rare, un Français avait été adopté par une famille. À côté des qualités et actes qui avaient sans doute provoqué son adoption, ce Français avait des défauts qu'il s'était sans doute bien gardé de mettre en relief. Se laissant sombrer dans l'alcoolisme, il commença à battre sa femme. Cet acte était complètement étranger aux mœurs Lakota, à une époque où le système ne les avait pas encore ravagés. Ils furent d'abord interloqués et incapables de réactions. La deuxième fois que l'individu passa sa femme à tabac, ils réunirent un conseil et allèrent ensuite le trouver pour lui expliquer que cette pratique n'ayant pas lieu chez eux, la tribu se trouvait bouleversée, et son harmonie en danger. C'est quand il violenta sa femme une troisième fois qu'on lui signifia alors de partir, mais il refusa. Quelques jours plus tard, l'individu fut invité à une partie de chasse et ils revinrent sans lui...

Bien que la solution adoptée puisse paraître radicale à certains, elle n'est, comme je l'ai expliqué dans un chapitre précédent, que le dernier recours suivant les avertissements et le bannissement.

Bien que les choses doivent être replacées dans le contexte de l'époque, je voudrais quand même souligner que dans ce style de société sans état, le bien-être et la paix des gens de bonne volonté priment toujours sur la considération des individus néfastes et ceci pas seulement de manière théorique. Je tenais à faire ce petit écart comme un pied-de-nez aux pseudos philosophies "New Age" en vogue depuis ces dernières décennies et tendant à mettre en exergue les oiseaux et les papillons, en oubliant par ignorance ou lâcheté, que dans ces sociétés sans état, c'est tout d'abord la responsabilité des hommes et la connaissance des conséquences qui assure la pérennité d'une justice certaine. Tout le contraire de nos systèmes de plus en plus hypocrites, où cette notion de justice ne se résume que par un ensemble de lois ne devant être respectées que par les pauvres...

J'écrivais un peu plus haut, que l'adoption consistant à l'absorption du singulier, de sa particularité et de son identité, l'individu pouvait bien sûr conserver sa religion. Ceci pourrait paraître comme un détail à ranger dans la case des bonus liés à la tolérance amé-rindienne, mais cet élément mérite d'être associé à une remarque que je pense importante. Le fait que des Français ayant été adoptés, aient été pour la grande majorité de religion chrétienne, laisse à penser que ces derniers ont bien continué à pratiquer leurs rites au sein même de tribus alors non christianisées. Ce qui m'emmène à la constatation suivante. Si de leur pratique chrétienne, ces individus ont su extirper le suprématisme et le prosélytisme intrinsèque à une idéologie biaisée et montée de toutes pièces, pour n'en garder que la pratique du message originel, cela a de fait remis ce monothéisme à sa véritable place. Un outil de réalisation dans la verticalité, ne regardant que l'individu qui l'a choisi et lui-même. Comme quoi avec un peu de bonne volonté...

Avant de conclure sur le thème des adoptions, je vais faire un petit détour par la description d'un personnage de la culture Lakota, dont l'aspect psychologique me paraît intéressant pour la compréhension de ce style de société. Ce personnage se nomme le "Heyoka".

Je ne m'étendrai pas sur l'aspect occulte de sa fonction mais plutôt sur les différents aspects de son comportement au sein de la société sioux. Pour ceux qui ont vu "Little Big man" [51], vous vous souvenez sans doute du personnage qui devient "contraire" et qui fait tout à l'envers. C'est ce que l'on appelle le Heyoka. Il dira au revoir pour bonjour, oui au lieu de non, marchera à reculons, etc. En bref, il est là pour bouleverser les règles et tourner en dérision les faiblesses des gens, pour faire remarquer leurs travers, pour s'en moquer quand ils se trompent, etc. Il éclatera de rire pendant des funérailles, se mettra à pleurer lors d'un rire général, etc. Il est en fait là, non seulement pour désacraliser et dédramatiser, mais aussi pour rappeler que l'harmonie n'est jamais vraiment définitivement atteinte ou définitivement perdue. De par ces agissements, il permet aux individus de se souvenir que l'homme n'est pas parfait, qu'il peut se tromper, se méprendre et que les hommes ayant tous des faiblesses, il est inutile de se prendre trop au sérieux. Il est évident que la finesse de ce personnage n'aurait peut-être pas été perçue par l'inquisition espagnole.

Pour finir maintenant sur le phénomène de l'indianisation et ce qu'il a impliqué, je dirai que même si ce ne fut pas une majorité de Français qui renoncèrent à leur mode de vie, le phénomène fut assez probant pour être mis en lumière et analysé. Je suis pour ma part convaincu, que cet épisode de notre histoire en dit beaucoup plus sur certains aspects de la nature humaine, que de complexes hypothèses issues de sombres théories. Il faut quand même garder à l'esprit comme un indice essentiel, que si la christianisation fut un effort de tous les jours et que la francisation se soit soldée par un échec, l'indianisation pour le coup, s'est faite naturellement... Je conclurai donc en citant une revendication trouvée sur une barque, devant le fort de Crève Cœur au Québec. Sur cette embarcation abandonnée par des militaires Français déserteurs, on pouvait lire comme contestation de toute autorité : "Nous sommes tous sauvages".

Nous allons voir maintenant un exemple d'organisations sociales issues de la vision circulaire du monde. Ces systèmes beaucoup plus proches de la véritable démocratie que nos sociétés occidentales ont été d'abord décrites par le Baron de Lahontan et nombre d'autres voyageurs de l'époque. Si ces sociétés intriguèrent fortement des penseurs et philosophes du 18ème, certaines d'entre elles furent étudiées par des personnages comme Lewis Henry Morgan, père de l'anthropologie. Sources d'inspirations pour un Marx, un Engels, un Clastres ou un Kropotkine, elles sont à mon sens les véritables bases qui inspirèrent le concept de l'anarchisme. Cependant, comme je l'ai stipulé en début d'exposé, l'impact des religions pratiquées par ces peuples et la vision du monde qui y est associée, n'ont pas été vraiment pris en considération lors des diverses analyses tendant à expliquer ce que Leibniz qualifiait de "miracle politique inconnu d'Aristote et ignoré par Hobbes". Quand on admet en schématisant grossièrement, que pour la plupart de nos contrées, nous sommes passés de la loi du plus fort avec la forme chef/suiveur, à la monarchie et qu'ensuite nous nous sommes graduellement dirigés vers notre version de la démocratie, nous sommes en droit de nous demander pourquoi les peuplades indigènes d'Amérique du Nord, elles aussi organisées en chef/suiveur, sont passées directement à l'une des formes les plus totales de la démocratie, à savoir, les sociétés sans état...

Avec les éléments cités tout au long de l'exposé, nous pouvons maintenant avoir une approche différente dans la compréhension de ces systèmes sans état. En validant les spiritualités amérindiennes comme véritables religions ayant un indéniable impact sur la vision du quotidien, nous sommes obligés d'admettre que c'est tout d'abord une vision du monde qui engendre une société.

La Constitution iroquoise

La constitution des Iroquois est souvent citée comme ayant servi de modèle à celle des États Unis. Ceux qui en parlent en ces mots, ne l'ont probablement pas bien lu, ou du moins en ont-ils interprété le sens qu'à leur manière. Mise à part la séparation des pouvoirs, elle ressemble plus à la création d'un socialiste libertaire de la fin du 19ème qu'à la forme de société que nous connaissons aux USA.

Ce qui est édifiant et qu'il faut garder à l'esprit tout au long de ce chapitre, concerne le fait qu'elle est datée des environs de 1142... C'est-à-dire à peu près à l'époque, où nous occidentaux, découvrions Aristote. Cette constitution ne fut bien sûr pas "écrite", mais illustrée sur des petits coquillages ou "Wampun". Les 117 règles qui y sont imagées furent ensuite liées ensemble sous la forme d'une ceinture. C'est cet objet qui devint alors le symbole de "La Grande loi de la Paix". Ce n'est que quelques siècles plus tard, que ces 117 lois furent traduites en anglais. Mis à part les règles concernant exclusivement le domaine des rites funéraires et religieux, nombre de ces articles de lois semblent avoir été imaginés par un anarchiste. Ce qui au 12ème siècle en France, n'aurait pas manqué de paraître un peu fantaisiste.

Avant la constitution

Dans la période précédant la création de la "Grande loi de la Paix", les Iroquois vivaient en un seul groupe dans la région de Montréal. Leur petit groupe était alors soumis à une autre tribu de qui ils apprirent l'agriculture. Leur souhait de souveraineté augmentant avec leur accroissement démographique, ils évitèrent les conflits que cette demande d'indépendance allait engendrer avec leur dominant, en s'enfuyant divisés en plusieurs groupes. À cette époque de nomadisme total, les accrochages étaient fréquents avec les tribus occupant déjà les autres territoires. Si bien que cette atmosphère de conflits permanents rendit même les différents groupes d'Iroquois hostiles les uns avec les autres. C'est donc pendant cette période qu'un sage de la tribu des Onondaga, donna naissance à cet ensemble de 117 règles en assurant que le respect de ces dernières engendrerait automatiquement la paix et la prédominance de leur forme de société. C'est en prenant pour base les règles régissant les relations au sein de la famille que la constitution fut édifiée.

La constitution

Pour une meilleure compréhension de la suite, je préciserai d'abord quelques points en ce qui concerne les liens au sein de la famille iroquoise. À noter que le système des liens de parenté est quasiment le même pour la majorité des tribus d'Amérique du Nord. De modèle matrilinéaire, ces sociétés adoptent une organisation gentilice ou clanique. Prenons pour exemple un couple ayant pour enfant, un garçon et une fille. Le garçon aura bien sûr pour père son géniteur, mais appellera aussi par la même dénomination les frères de ce dernier. Il en va de même pour la fille et les sœurs de sa mère. Avec bien sûr tous les liens de parenté que cela engendre. Lors d'un mariage, c'est le garçon qui quitte les lieux, pour rejoindre la famille de son épouse. Sans pour cela entrer dans l'analyse exhaustive et complexe de toutes les particularités liées à ce système et sachant que le mariage est bien sûr prohibé au sein du même clan, nous pouvons d'ores et déjà nous rendre compte que ce fonctionnement peut être imagé par la toile d'araignée et laisser présager de toutes les interactions qu'implique le tissage de ses liens. C'est donc sur ce concept que les cinq nations iroquoises ont été construites pour former la ligue (6ème nation à partir de 1722). Chacune des nations comprend en son sein des représentants de tous les clans. Si bien que par le système des ramifications et que cela concerne la plus grande unité, à savoir La Ligue, ou la plus petite à savoir la tribu, la totalité des clans y sont toujours représentés.

Au sujet du rôle et de la position des femmes, ce sont elles qui possèdent les "Maisons Longues", lieu abritant plusieurs familles, ainsi que les terrains cultivés pour le bénéfice commun. Toujours dans ce concept de Terre Mère qui est à la fois le foyer, mais qui donne aussi naissance, ce sont aussi les femmes qui ont la charge et la responsabilité d'élire ou désigner les chefs. Je profite de cette précision pour parler de la terminologie et prendre un certain parti.

Nous avons pour habitude dans nos traductions occidentales d'associer le nom de Chef à tout individu semblant obéi par les autres. Or, la connotation autoritaire de ce mot peut inconsciemment nous induire en erreur ou altérer notre perception des rapports. Je vais donc prendre le parti pour la suite de ce thème, d'employer des expressions qui, bien qu'un peu plus longues, seront plus en adéquation avec le véritable contexte. Pour Chef ou "Sachems", j'emploierai l'expression qui se rapproche le plus de la traduction, à savoir *Conseillers du peuple*. Pour Chef de Guerre je dirai *Spécialistes des conflits* et pour Nom élevé, je choisirai *Nom Célèbre*. Je remplace ici le mot Élevé, car dans notre culture, cette notion fait bien souvent et malheureusement référence à un regain de privilèges, alors que là, ce n'est pas du tout le cas. Ces traductions qui sont souvent simplement remplacées par le mot générique Chef, se rapprochent beaucoup plus des véritables fonctions. Avant d'analyser certains de ces articles de la Grande loi de la Paix, voyons d'abord à quelles fonctions correspondent les termes décrits au-dessus.

Les *Conseillers du peuple* sont au nombre de cinquante. Ils sont investis d'une responsabilité concernant l'ensemble de la confédération ou ligue des cinq nations. Ils ont une parfaite égalité de rang et le même champ d'action, quelle que soit la nation ou tribu dont ils sont issus. Le conseil général des 50 se réunit chaque automne sur le territoire des Onondaga, d'où fut originaire le créateur de la constitution. Hormis la session d'automne, le conseil peut être convoqué pour des affaires nécessitant sa réunion. Auquel cas, il se rassemble sur le territoire de la nation l'ayant sollicité. En ce sens, il n'y a aucun lieu associé systématiquement aux prises de décisions, ou aucun siège particulier pour un quelconque commandement. Quand les *Conseillers du peuple* ne sont pas en conseil général, ils occupent le même poste dans leurs nations respectives. En l'absence de conseils, ils retrouvent immédiatement le rang d'individu lambda. Une précision importante réside dans le fait qu'en ce qui concerne les affaires internes à une nation, cette dernière est entièrement indépendante pour ses prises de décisions. Signifier que le titre de *Conseiller du peuple* est héréditaire et ne pas donner d'explication pourrait laisser penser à une forme de privilège. Or, il faut savoir que d'une part, la filiation se faisant par la mère et les propres fils du conseiller étant automatiquement inéligibles, seuls ses propres frères ou les enfants de ses sœurs peuvent être choisis. En plus de cette contrainte, l'homme quittant sa famille pour rejoindre celle de son épouse, la combinaison de ces conditions assure la mobilité nécessaire au titre de Conseiller.

Nous verrons plus tard que rapidement après la création de la constitution, la démocratie s'est naturellement perfectionnée avec la multiplication des *Noms Célèbres* et l'augmentation de leur influence.

Les *Spécialistes des conflits*, appellation que j'ai préférée à chefs de guerre, ont en parallèle de la planification militaire en cas de conflits, la charge de s'assurer du bon déroulement des conseils, ainsi que celle de porte-parole au sens littéral du terme. Que cela soit pour la transmission des messages importants lors des conseils, ou pour relayer les requêtes lors des litiges et conflits, ce sont eux qui sont sollicités. Je vais faire une parenthèse sur l'aspect militaire de leur charge. Si les spécialistes des conflits planifient et déclenchent les interventions militaires, ils n'ont aucun pouvoir décisionnel sur le terrain. Ce sont en effet une multitude de petits groupes emmenés par des *Noms célèbres*, qui attaquent indépendamment, mais bien sûr vers un même objectif. Cette technique de guerre à un aspect particulier et intéressant, qui peut s'appliquer aussi à toute forme de résistance et de micro résistance dans tous les domaines.

Si l'imprévisibilité due aux différentes stratégies adoptées par plusieurs petits groupes, s'avère être extrêmement compliqué à gérer par l'assailli, la retraite divisée de ces groupuscules ne permet pas une contre-attaque efficace de la part de l'ennemi. Nous avons tous entendu un million de fois que l'union faisait la force. À mon sens, il manque une explication à cette affirmation souvent déclamée sans réfléchir au contexte.

En ce qui concerne le mode de guerre amérindien, l'union fait la force lors de l'attaque. Mais en mode défensif et si l'assaillant est plus fort, une l'union qui persiste est synonyme de perte totale. Nous avons tous de la même manière entendu l'histoire des cinq flèches. Elles sont cassables une par une, mais solides quand on les lie ensemble. Sauf qu'une fois liées, si le feu est mis à l'une d'entre elles, les quatre autres brûlent aussi. C'est la technique de l'infiltration chère à tous nos gouvernements, soucieux de saboter la volonté vers un but commun. La véritable union, celle qui fait la vraie force, consiste simplement à se battre pour le même but. Les cinq flèches sont liées à l'attaque, mais déliées lors de la retraite. Ceci ne remet pas en question l'objectif à atteindre lors de la prochaine attaque, mais empêche l'ennemi de faire trop de dégâts lors de sa contre-attaque. Pour clore cette parenthèse, je dirai qu'à mon sens, si les Natifs Américains n'ont pas totalement disparu, c'est justement que par l'absence de centralisation du pouvoir et des décisions et en l'absence aussi d'autorité suprême, il a été impossible pour leurs envahisseurs d'éradiquer l'identité et la trace de cette multitude de petits groupes. Le parallèle inverse peut être ainsi fait en ce qui concerne les luttes sociales aujourd'hui, par l'état de la contestation et de ses représentants... Très rapidement dans la société iroquoise, est apparue une caste (si je peux employer ce terme peu adéquat), dont le terme de chef se traduit en langage iroquois par la formule "Nom élevé", ou comme j'ai choisi de l'exprimer, *Nom célèbre*. Ce titre s'obtient au mérite et bien sûr par le vote des femmes. Que cela soit pour leurs conduites exemplaires dans divers domaines, ou pour leur sagesse, les *Noms célèbres* obtiennent rapidement autant d'influence que les *Conseillers du peuple* et se retrouvent à les assister dans les affaires locales. Par le fait de la non-limitation de leur nombre, la société iroquoise atteint alors un niveau de démocratie quasi totale. Suivant toujours une logique naturelle et la sagesse étant tout sauf héréditaire, le titre de *Nom Célèbre,* s'éteint avec son détenteur. Même si souvent les grandes qualités d'un individu doté de ce titre pouvaient faire de lui une personne éligible pour le remplacement à un poste vacant du *Conseiller du peuple*, une particularité qui illustre bien la volonté anti autoritaire, pouvait rendre impossible l'élection d'un *Nom Célèbre.* En effet, une trop grande éloquence, une trop grande fougue, ou une trop grande aptitude à galvaniser la foule, même si reconnues comme des qualités dans un certain contexte, étaient considérées comme à éviter pour un *Conseiller du peuple* siégeant au grand conseil. On ne peut que sourire en constatant qu'à l'époque où j'écris ces lignes et dans le monde civilisé, seule la capacité qui permet d'extirper la logique du cerveau d'un électeur rend un homme éligible au poste de dirigeant.

Voyons maintenant quelques articles de cette Grande loi de la Paix.

Il est dit dans l'article 1 et 2, que Dekanawida [52], qui est un être d'exception, plante le Pin Blanc, arbre symbolisant cette Grande loi de la Paix. Ses quatre racines blanches vont dans les quatre directions. Il est aussi dit que tout homme étranger obéissant à cette loi, peut "remonter" le long des racines et être protégé par l'arbre.

Ce que je trouve intéressant dans la symbolique de l'arbre, qui est d'ailleurs commune à beaucoup de tribus amérindiennes, concerne le fait qu'invité à remonter les racines, quelle que soit sa provenance, l'étranger ne se voit pas proposer d'y être uniformisé pour atteindre alors un sommet, mais simplement de faire partie de la multitude protégée. L'article 2 stipule aussi qu'un aigle plane au-dessus de l'arbre pour surveiller. Rappelons-nous que l'aigle est le messager et l'interlocuteur le plus proche du ciel. Le fait qu'une telle symbolique soit employée et mélangée à un ensemble de lois aussi pragmatiques que ce que je vais décrire prouve la non-séparation entre ce que j'ai nommé les "Conseils venus d'en haut" et ce qui régit la vie quotidienne. D'ailleurs, il n'est pas clairement précisé si Dekanawida est un être d'exception de par son inspiration divine ou de par sa formidable logique. Il est vrai qu'en matière d'applicabilité des religions dans un ici et maintenant, réfléchir au rôle de la femme en admettant qu'elle soit issue d'une côte peut s'avérer être un indice assez déconcertant au moment de lui choisir une place dans la société.

Après cette introduction par la symbolique, je vais passer à l'article 12 et aborder les règles régissant le traitement des affaires dans les plus petites unités, c'est-à-dire la tribu ou groupe de famille.

Lorsqu'une affaire ou une question nécessite la tenue d'un conseil, ce dernier se divise en trois parties. La partie en charge d'exposer l'affaire, décrit le contexte, les raisons, les tenants et aboutissants de manière complètement exhaustive, de façon à ce que les deux autres parties disposent de tous les éléments pour débattre. L'aspect exhaustif de l'exposé est d'autant plus important que la partie exposante ne reprendra plus la parole. Cette particularité peut être difficile à imaginer pour nous occidentaux, mais dans les cultures amérindiennes, l'acte qui consiste à couper la parole ou à hausser le ton de manière à être entendu est un concept inexistant. Je me souviens d'ailleurs avoir été déstabilisé lors de ma première interview téléphonique, donnée pour une radio indigène du nord-est du Canada. Sur une période de deux heures, mon interlocuteur était intervenu une fois par heure, pour me poser deux questions pour lesquelles il m'avait laissé la totalité du reste du temps pour répondre. C'est à maintes reprises que je m'étais demandé si nous n'avions pas été déconnectés.

Pour revenir à notre conseil tribal, une fois que la partie exposant la question s'est acquittée de sa tâche, les deux autres parties débattent jusqu'à ce que la décision soit confirmée à l'unanimité. À noter, car c'est important pour comprendre le concept, l'unanimité n'implique pas que tout le monde soit du même avis, mais simplement que tout le monde accepte la décision. Ce qui renvoie encore une fois à la différence entre la notion d'unité et celle de l'harmonie où c'est l'acceptation de tous dont il est question.

Je vais maintenant décrire le processus démocratique en vigueur, lors des grands conseils impliquant les cinq nations. Nous pourrons facilement admettre que dans ce genre de processus, une tentative de corruption ou d'abus de pouvoir, aurait même paru impossible à un Machiavel en forme.

Voici un résumé des articles de 9, 10, 11 et 14.

Même si la ligue iroquoise comprend aujourd'hui six nations, à sa création elle n'en englobait que cinq. Voilà donc par quel procédé les décisions étaient prises. Imaginons qu'une question importante soit soulevée par un individu lambda, ou par l'intermédiaire d'un Spécialiste des conflits.

Les cinq nations de base sont : Les Mohawk, les Seneca, les Oneida, les Cayuga, les Onondaga.

Ce sont tout d'abord les Mohawk et les Seneca qui débattent du sujet jusqu'à atteindre une conclusion. Par le biais de leur porte-parole, ils font part de leur décision aux Oneida, qui en débattent alors avec les Cayuga. À leur tour, une fois une décision prise, ces derniers renvoient leur conclusion aux Mohawk par le biais de leur propre porte-parole. Les Mohawk soumettent alors la décision des quatre premières nations aux Onondaga par le biais de leur envoyé. Après avoir atteint leur conclusion, les Onondaga la renvoient aux Mohawk, qui se chargent de l'annoncer. Si les Onondaga annoncent une décision différente, alors un second tour est provoqué. Si au bout du second tour la décision des Onondaga est encore différente, ces derniers se plieront quand même à la conclusion des quatre premières nations. À noter que si le conseil s'étend sur plusieurs jours, les porte-paroles de chaque nation peuvent alors être remplacés chaque jour.

Voilà donc ce qu'il en était pour le processus des conseils pouvant être déclenchés par tout individu. Il est évident que pour une histoire ou un litige au sein d'un simple groupe de famille, ce n'était pas le conseil général qui était convoqué. Mais c'est toujours sur ce mode du débat et de recherche d'harmonisation que les affaires politiques et sociales étaient réglées. D'ailleurs, la traduction du terme pour conseil s'approcherait de "se conseiller ensemble". Ces conseils étaient suivis par la grande majorité des gens y compris par les enfants. Le but était que dès le plus jeune âge, tout le monde soit conscient du fonctionnement de la société, des droits, de l'actualité et des décisions prises.

Je vais résumer maintenant quelques dizaines d'articles concernant les devoirs des Conseillers du peuple, Spécialistes des conflits et des Noms Célèbres, ainsi que décrire les motifs et processus entraînant leurs destitutions.

Si un Spécialiste des conflits néglige de siéger au conseil afin de remplir son rôle d'observateur et de porte-parole, une demande est formulée auprès du clan des femmes ayant élu l'individu afin qu'elles interviennent. Au second avertissement, il est destitué par ces mêmes femmes et remplacé par une élection.

Nous verrons avec certains des articles suivants, comment la responsabilité des élus, mais aussi celle des votants, est toujours un élément primordial.

Si un Nom Célèbre fait un mauvais travail pour le peuple, les hommes et les femmes s'adressent alors aux Spécialistes des conflits correspondant à la nation de cet individu. Au bout de trois plaintes, le clan des femmes ayant élu le Nom célèbre défectueux le destitue et le remplace.

Pour ce cas de figure en particulier ainsi que pour celui qui suit, j'attire votre attention sur la phrase de destitution qui est alors prononcée. On y observe ce dont je parlais plus tôt dans l'exposé, à savoir d'un côté l'aspect sacré de la loi et de l'autre, la non-intervention divine dans une affaire ne concernant que la responsabilité des hommes. "Nous ne reconnaissons pas la mentalité qui t'habite et comme le créateur n'a rien à faire avec l'erreur, il ne te sauvera pas du précipice de destruction auquel tu t'es toi-même condamné".

Dans le cas suivant, c'est-à-dire où le Nom Célèbre défectueux aurait été coupable d'un meurtre, la responsabilité des électrices l'ayant choisi implique que la famille de ces dernières soit dès lors privée de la capacité d'élection. Le meurtrier quant à lui est banni du territoire.

Un cas de figure relaté dans un des articles définissant bien la mentalité de cette société, concerne la propension d'un représentant, quel qu'il soit, à devenir autoritaire. Après avoir été réprimandé une fois par les femmes, une fois par les hommes et une fois par les *Spécialistes des conflits*, il est alors destitué et remplacé par le vote du clan des femmes correspondant.

Le cas suivant est intéressant dans le sens où il met en exergue le fait d'assumer complètement les conséquences d'une décision, même si avec le temps elle s'avère erronée. Dans un cas très particulier où un homme se serait fait remarquer à maintes reprises pour des actes et agissements d'une grande sagesse et des comportements exemplaires, il pourrait être exceptionnellement invité à siéger au conseil, sans passer par le procédé d'élection par les femmes.

Or, si pour diverses raisons, il se trouvait que le comportement de cet individu devait se dégrader, alors les autres membres du conseil n'auraient comme seul recours que de l'ignorer jusqu'à ce que ce dernier démissionne. Son élection n'étant pas passée par la voie normale, personne n'a le pouvoir de le destituer.

En ce qui concerne les articles liés à la destitution des *Conseillers du peuple,* je voudrais finir par l'article 59, qui se nomme "Droit du peuple" et qui peut en faire rêver certains.

Si tous les *Conseillers du peuple* prennent une direction qui n'est pas conforme au souhait de la population, après trois avertissements lancés par les femmes, il y aura convocation du conseil général des femmes des cinq nations. Après trois avertissements de ce dernier, ce sera le tour du conseil des hommes, ainsi que celui des *Spécialistes des conflits*. Si au bout de ces trois derniers avertissements la population n'est toujours pas satisfaite, il restera deux options. La première sera une proposition de destitution pacifique. Si résistance il y a, le porte-parole du conseil des spécialistes des conflits se saisira alors de la ceinture Wampun symbolisant la Grande loi de la Paix et la laissera tomber par terre. À ce signal, tous les *Con-*

seillers du peuple seront alors simplement bastonnés à mort. Un ange passe sur Matignon coiffé d'une crête iroquoise...

Je vais conclure maintenant ces brèves explications concernant certains aspects de la constitution iroquoise qui me paraissaient essentiels, par l'article 93. Cet article est pour moi un truisme en matière de démocratie et pose à lui seul la véritable base d'une société de justice, d'une société normale. Que la Grande Loi de la Paix fut issue d'une inspiration divine ou de la divine logique d'un Onondaga d'exception, je rappelle une dernière fois qu'elle fut mise en place aux environs de 1142, qu'elle fut inconnue d'Aristote et ignorée de Hobbes. Article 93

Chaque fois qu'une question majeure, dont l'issue touche le peuple, est soulevée, l'affaire sera soumise à sa décision. Des conseils auront alors lieu parmi les hommes et les femmes de chaque clan, jusqu'à ce qu'un conseil général soit provoqué. Le peuple nommera ses propres représentants et ses propres porte-paroles.

Conclusion

Pendant qu'une grande partie du monde urine et dé-fèque dans de l'eau potable, l'autre crève de soif...

Il n'y a encore pas si longtemps de ça, la plupart des grandes surfaces javellisaient leurs invendus alimentaires.

Régulièrement, des policiers reçoivent l'ordre de matraquer des manifestants, qu'ils soient chômeurs ou militants écologistes, alors que ces représentants de la loi ont probablement les mêmes problèmes financiers que les premiers et respirent inévitablement le même air pollué que les seconds.

Depuis maintenant quelques décades, il faut impérativement glisser un morceau de latex entre deux corps humains pour ne pas attraper la mort par la pratique de l'amour. Heureusement d'un autre côté, un participant à une émission de télé-réalité a gagné 500 euros pour avoir réussi à imiter l'accent belge plus de dix minutes et la reine d'Angleterre a encore changé de chapeau... Je pourrais continuer de la sorte pendant plus de cinquante pages, mais un inévitable détracteur me rappellerait à l'ordre en me rabâchant la formule du verre à moitié vide et du verre à moitié plein. Or, tout cerveau normalement constitué reformulerait la chose en y réformant l'équation par un verre aux trois quarts vide et un verre à un quart plein.

Nous avons vu tout au long de l'exposé comment en partant d'un message initial basé sur la justice et l'amour, une idéologie montée de toutes pièces avait pu influencer voire systématiser le comportement de toute une population. Cette vision linéaire des choses, tendant à préparer l'individu à l'évaluation de son comportement pour une redirection post mortem, a provoqué chez un grand nombre de gens l'abandon d'une certaine souveraineté cérébrale, pour un mode d'emploi rigide et validé comme infaillible. Si cette vision du monde basée sur l'histoire et le développement a initié et favorisé le progrès dans un grand nombre de domaines, elle ne comprend pas en son sein le programme qui la régule. C'est un véhicule sans frein, sans point mort ni régulateur de vitesse. Pourquoi s'en encombrerait-il, puisque sa propre feuille de route implique une destruction finale ? Ces idéologies tirées des monothéismes, pour reprendre le terme général du début de mon exposé, ont été les programmes de formatage mental nécessaires à la validation des sociétés pyramidales. En agissant ainsi, elles ont eu aussi pour effet d'être un formidable frein à l'évolution du singulier de manière plus générale. Au même titre que le fait de systématiquement déresponsabiliser un enfant n'en fait pas un adulte épanoui, infantiliser une population, la maintenir dans sa superstition la plus demandeuse de protection, ne favorise pas l'élévation d'un niveau de conscience générale.

Ne vous paraît-il pas douteux en ce qui concerne l'évolution humaine, que quand un cerveau génial du 5ème siècle invente la charrue, son homologue du 20ème en est à inventer la neurochirurgie, alors que d'un autre côté, un imbécile du début de l'ère chrétienne trouverait sans aucun problème avec qui échanger aujourd'hui ? Bref, cette façon de voir les choses qui a permis aux puissants un adoubement céleste, les a promus seuls détenteurs d'une logique universelle que l'on pourrait nommer aujourd'hui "connaissance des intérêts". Cette certitude de vérité cimentée d'autopersuasion, doublée d'une programmation de masse adéquate au dessein visé, a fait de cette vision des choses un raz-de-marée planétaire. Pour reprendre en exemple l'idéologie du christianisme, qui dans sa conquête du monde termine par les Amériques, prenons le recul nécessaire à une vision d'ensemble et analysons le processus. Une multitude d'hommes et de femmes utilisés par les puissants propriétaires et commandeurs, comme armes de conquête, outils de défrichage, de labour et de récolte des territoires peuplés par des "non élus". Pendant plusieurs siècles, les puissances occidentales ont donné libre cours à leurs visées expansionnistes, tout en étant bien sûr validées par les représentants de la vraie foi, dans le devoir universel de la sauvegarde des âmes.

Ces millions d'individus constituant le peuple du vrai Dieu et programmés à l'obéissance inhérente à ce label, ont agi dans la certitude, qu'elle ait été sincère ou de circonstance, d'accomplir un agenda céleste. La contrepartie coule de source. Les privilèges intrinsèques au statut de l'homme blanc, du peuple de la vraie foi, du peuple qui a "découvert". Sauf que le problème aujourd'hui se traduit par le fait que cette contrepartie n'était valable que jusqu'à hier... Pourquoi ? Dans l'histoire de la conquête du monde, de l'expansion jusqu'à l'ultime, il arrive bien un moment où il n'y a plus de territoires à découvrir, à spolier, à annexer. Or, comme imagé plus haut, le "véhicule" correspondant à cette vision du monde n'est pas conçu pour s'arrêter. Rien ne le régule. Quand hier s'est arrêtée la "consommation" du monde par manque de territoires, c'est alors la "consumation" qui a commencé. Si cette phase n'est pas enrayée, c'est la dernière. Que la fin de l'être humain soit inévitable de par la volonté divine, ou que la grenouille de bénitier ait tout mis en œuvre pour avoir raison à la fin, ne fera pas la différence. Comment fonctionne la "consumation" ? Le véhicule sans frein avance de la même manière. Un "peuple" se pensant élu, accomplissant une destinée que seuls les "initiés" constituant cette élite sont capables de justifier. Au risque d'être abrupt, mais par souci de nommer les choses simplement, je dirai que cette caste est simplement constituée par des groupes de milliardaires n'ayant aucune connexion avec notre réalité, ou plutôt la reléguant à celle associée aux péripéties d'un troupeau. L'ironie du sort, qu'un observateur extraterrestre n'aurait pas manqué de pointer en visionnant l'ensemble, vient du fait qu'aujourd'hui, un grand nombre des anciens privilégiés par le statut de l'homme blanc, se trouvent de plus en plus relégués au même rang que ceux que leurs ancêtres ont jadis mis en réserve, ou tout simplement dépouillé. Non seulement ce phénomène ne s'améliorera pas de lui-même, mais en ce qui concerne la caste des nouveaux élus, il ne serait pas illogique de penser qu'une disparition physique d'un grand nombre de leurs anciens "outils usagés", serait plutôt à ranger dans la case des alternatives positives, que dans celle des drames humains...

Parallèlement à ça et pour introduire la suite de la conclusion :

Dans le cadre de la gestion des populations occidentales ou du management du bétail humain, nous pouvons faire une analogie avec l'exploitation bovine. Au même titre que le fermier s'est rendu compte qu'en laissant un petit espace de liberté à la vache, il diminuait un stress néfaste à sa production et à son rendement, les dirigeants humains en sont venus aux mêmes constatations en ce qui concerne les hommes. C'est cette petite marge de manœuvre qui permet à l'individu non pas de changer le monde, mais de choisir son manager, que les dirigeants nommèrent Démocratie...

Cependant, comme nous l'avons vu dans l'épisode de l'indianisation, doté d'un espace de liberté suffisant, la nature humaine a tôt-fait de se diriger d'elle-même vers plus d'indépendance et de liberté. C'est au début du 20ème siècle, à une époque où les mouvements contestataires et les nouvelles philosophies politiques étaient matures et à une époque de revendications nombreuses, qu'est apparue une nouvelle forme de religion. Le consumérisme et bien sûr la surconsommation. Épaulé, prôné et propulsé par la propagande moderne d'un Edward Bernays et les nouvelles techniques de communication, ce nouvel "illogisme" qui deviendra rapidement logique mondiale, est venu s'imbriquer dans les esprits. Ces cerveaux, même si certains étaient devenus athées par ressentiment, avaient quand même subi ou reçu de manière héréditaire, le formatage nécessaire à l'acceptation de nouvelles programmations. Je développerai amplement le sujet dans le deuxième volet de l'essai "on a démocratisé les moutons, mais c'est une idée du berger".

Cette nouvelle idéologie est linéaire, puisque basée sur un développement permanent vers un toujours plus, qui se finit toujours par un rien, puisque de manière évidente, il n'y a toujours pas de container pour un fret vers l'au-delà (ou alors j'ai raté un passage biblique). En ce sens, le pouvoir de cet illogisme, réside dans le fait que n'étant rassurant que sur le moment, il pousse l'endoctriné à pédaler de plus en plus vite vers un nulle part, en lui donnant l'impression que le fait d'accélérer l'empêchera d'y aller. Il est important de garder à l'esprit qu'une très grande partie de la population touchée par ce nouveau phénomène, était issue de peuples, ethnies, régions, etc. dont l'éradication de l'identité et l'uniformisation, étaient déjà vieille d'un grand nombre de siècles. Or, ces gens qui pour nombre d'entre eux avaient même abandonné une pratique régulière de leurs monothéismes, ou qui pour nombre de raisons, avaient fini par ranger la religion au rang du simple réflexe ponctuel, se sont finalement retrouvés sans aucun repère solide. Face à cette nouvelle "raison de vivre", au sens littéral du terme et se traduisant en fait par "possibilité de consommer" et surtout face aussi à l'absence de réconfort qu'elle offrait sur la longueur, les réactions ont été différentes.

Si certains, et de plus en plus, prennent conscience aujourd'hui de l'ampleur de l'arnaque et de la noirceur du tableau, certains autres malheureusement en grand nombre, ont sombré dans le nihilisme le plus abject. Parmi les différentes réactions, il en est une que je trouve particulièrement intéressante et dangereuse de par son non-sens. Depuis quelques années, nous pouvons assister à un retour des religions, mais non pas dans des formes fidèles à un message originel, mais dans ces exactes formes qui ont permis au fil des siècles d'en arriver là aujourd'hui. Des groupes de terroristes décérébrés assassinant des gens désarmés, des présidents ultras bigots qui citent Gogh et Magog avant d'envahir un pays, des disputes christiano/musulmanes quotidiennes dans l'enceinte de Hyde Park, dont l'absurdité des discours aurait même paru poussée pour l'équipe des Monthy Pythons à l'époque de "La vie de Brian"... Bref, même si le nihilisme ou le retour aux heures sombres de la religion constituent des réflexes de survie face à un vide existentiel, il est quand même malsain aujourd'hui d'en arriver à un point où certains vénèrent le matériel comme ils vénéreraient un Dieu et d'autres brandissent un Dieu, comme s'il s'agissait d'un drapeau.

En ce qui concerne la vision circulaire du monde et les sociétés qui l'adoptent, bien qu'à l'agonie depuis longtemps, elles sont toujours vivantes. Nous avons vu comment la considération du Tout, la responsabilisation de tous et l'interaction de chacun avaient pu donner naissance à des sociétés véritablement démocratiques et ceci, des centaines d'années avant nos premières pensées officiellement socialistes. Aujourd'hui, ce sont encore ces peuplades souvent réduites à la misère la plus totale, qui sont encore les premières à nous montrer la voie, face à la menace d'un futur écocide. Elles sont un peu comme un peuple des forêts, qui face à un incendie gigantesque provoqué par les citadins, ne pourrait pour le contenir, que compter sur son propre souffle.

Si à ces sociétés sans État, on donne le nom de tribu, il ne faut pas se laisser prendre par la connotation de ce mot dans la culture occidentale. Comme je l'ai déjà expliqué, c'est une somme de singuliers qui forme ce genre de groupe et non pas une uniformité décidée par un dirigeant. Si c'est le contrat social lié à l'harmonie de tous qui assure le fonctionnement, c'est la force des singuliers et leurs responsabilités qui donnent une âme à la tribu. L'harmonisation constante, sans un modèle figé.

Au contraire de cela, dans nos sociétés occidentales, tout ce qui constitue un groupe est tout de suite stigmatisé et déclaré comme néfaste. Pourtant, de manière paradoxale ou plutôt devrais-je dire perverse, une fois la culture et l'identité du sujet éradiquée et niée, il est quand même catégorisé sur la base d'autres critères et bien sûr mis en conflit avec d'autres catégories.

Si j'insiste encore une fois sur l'importance du singulier, c'est je le répète encore, que dans l'histoire de l'humanité, c'est toujours l'individu qui se réforme en premier et la société qui suit. Prenons simplement un exemple en matière de religion. À l'heure où j'écris cette phrase et au moment précis où vous la lisez, combien d'individus chrétiens, musulmans, juifs, athées et autres, sont en train de discuter ensemble ? De faire partie des mêmes groupes ? De partager les mêmes repas ? Ou bien les mêmes familles ? Est-ce un effet des idéologies radicales et biaisées ? Pas du tout, elles sont en conflits entre elles. Ces individus se sont simplement et naturellement réformés eux-mêmes, en faisant la part des choses, en utilisant leur raison. Ce qui peut faire l'effet d'une explication simpliste constitue pourtant exactement ce que le système redoute dans son souci primal de maintien de ses structures. L'individu qui parle à l'individu, sans passer par le tuteur, c'est le début de la fin du système. Comme le disait Howard Zinn [53], l'histoire est exclusivement basée autour des personnages célèbres et des leaders du système. Ceci provoque attentisme et passivité de la part des populations.

Le fait que ce soit toujours les individus lambda qui de par leurs actes ont contraint les leaders à réformer la société est complètement et systématiquement occulté. Voilà pourquoi le singulier, sa particularité et la force de son identité sont toujours âprement combattus. Un groupe, une association, une communauté constituée d'individus indépendants et différents représentent une entité difficile à manipuler. Ce sont donc toutes ces raisons qui font que notre forme de société issue d'une vision uniformisante tend à éradiquer tout ce qui fait l'identité, afin de transformer le singulier en sujet type et "catégorisable " selon les critères du Maître.

C'est d'abord par une décolonisation de son propre cer-

veau que l'individu pourra en chasser tout ce qui parasite les capteurs de la crainte, du doute, de la peur, afin de retrouver une vision claire des choses.
Alors, au sujet de cette vision, la linéaire ou la circulaire ?
Je resterai dans la tradition amérindienne en vous disant que si les deux existent, ce n'est pas pour rien. Le A ne doit pas annuler le B et le B ne doit pas éradiquer le A. Au même titre que A + B ne donne pas C. Dans cette logique d'harmonisation constante, je dirai que A + B égale un conflit sain et permanent à forces égales entre les deux visions, car l'une et l'autre se régulent. La course du véhicule sans frein de la vision linéaire doit être alors régulée. La vision circulaire et son souci de l'espace et du reste du vivant, peut alors être son régulateur de vitesse, son GPS. A + B = AB

À l'heure où j'écris ces lignes, la plupart des gouvernements européens sont en train de virer vers le sécuritaire et l'autoritaire. Bien que cela s'avère inquiétant, c'est d'un autre côté, un signe de perte de puissance. Comme le disait Howard Zinn, le système sait mieux que nous qu'il est plus fragile que ce qu'il paraît. Quand il se met à dériver vers l'autoritaire, c'est que de moins en moins de gens succombent à la propagande.
Pour ma part, je resterai fidèle à mon optimisme maladif, en me disant que si le parapluie de l'optimiste n'empêche pas la pluie de tomber, l'ombrelle du pessimiste n'empêchera pas le soleil de briller. La balle est dans notre camp, elle l'a toujours été....

****

Le journaliste : " Mais alors lequel des deux chiens al-
lez-vous nourrir ? "

L'ancien : " Quand je nourris celui que tu appelles le
bon, je reste en vie, mais je n'ai plus d'identité et c'est la
terre qui se meurt. Quand je nourris celui que tu appelles le mauvais, je suis mourant, mais je sais qui je
suis et la terre survit".

Le journaliste : "Alors ? "

L'ancien : " Ta langue te rend sourd" Le journaliste :
"C'est à dire ? ? ? "

Les deux chiens : "Il veut dire qu'en nous nourrissant
tous les deux, il est en accord avec la création".

Notes

1   : Sioux Lakota

Les Sioux sont une confédération de plusieurs tribus parlant une langue à trois dialectes légèrement différents. Les Lakotas, les Dakotas, les Nakotas.

Leurs territoires d'origines sont le Dakota du Sud, le Dakota du Nord, le Minnesota, le Nebraska.

Les Lakota sont divisés en sept tribus : les Oglala, Les Sicangu ou " Brûlés sioux ", les Hunkpapa (Limite du cercle), les Miniconjou (Près de l'eau courante), les Sihasapa (Pieds noirs), les Itazipacola (sans arcs), les Oohenupa (Deux marmites).

Parmi leurs personnages les plus célèbres : Tatanka Yotanka (Sitting Bull), Mahpiya Luta (Nuage rouge), Sunka Witko (Cheval fou), Sinte Gleska (Queue Tachetée).

2   : John Trudell

Activiste, poète, écrivain, musicien et acteur, John Trudell, de la tribu des Santee Sioux, est né le 15 février 1946 et mourut le 8 décembre 2015. En tant qu'activiste connu du FBI pour ses implications dans l'American Indian Movement (Mouvement de résistance amérindienne à l'instar des Black Panthers pour les Afro-américains), c'est après avoir reçu plusieurs menaces déguisées de mises en garde émanant de cette agence gouvernementale de surveillance que John Trudell a perdu sa femme enceinte, ses trois enfants et sa belle-mère, dans l'incendie de sa maison. Aucune enquête sérieuse n'eut lieu ensuite... Après avoir passé plusieurs mois errant en état de choc, John a décidé d'écrire tout ce qu'il avait sur le cœur sous forme de poèmes... Ce fut ensuite le John Trudell que le reste du monde a connu. Formidable poète estampillé "éloquent donc dangereux" par le FBI. De la lutte amérindienne, il s'est rapidement élevé en défenseur des opprimés tout autour du monde et dénonciateur du système de "bétaillisation" de l'humain.

3   : Vine Deloria

Né le 26 mars 1933 et décédé le 13 novembre 2005, Vine Deloria fut un écrivain, théologien, historien et activiste américain de la tribu des Lakota. Rendu célèbre par son ouvrage " Custer Died for your Sins ", il est aussi l'auteur de "God is Red", " for an indian manifesto" . Ses écrits permirent d'attirer l'attention sur le sort et les revendications des Amérindiens, durant une période de tensions, dans les années 70. À côté de ses cours et écrits, il a donné un grand nombre de conférences avec son style typique amérindien, qui tend à entrecouper un thème sérieux de traits d'humour, mais sur le même ton.

4   : Leibniz

Né le 1er juillet 1646 à Leipzig, et mort le 14 novembre 1716 à Hanovre, Gottfried Wilhelm Leibniz est un philosophe, scientifique, mathématicien, logicien et juriste allemand. En phi- losophie, il tente d'unir cette dernière avec la théologie et de concilier divers courants de pensée. Selon Kropotkine, Leibniz contribue aux progrès de l'éthique en montrant d'une part, l'importance pour l'élaboration des notions morales, de l'instinct naturel de sociabilité propre à tous les humains et d'autre part, le rôle de l'éducation de la volonté dans la constitu-tion de l'idéal et de la physionomie morale de chacun.

5   : Bierling

Né en 1676 à Magdeburg et mort en 1728 à Rinteln, Friedrich Wilhelm Bierling fut un théo-logien protestant allemand, reconnu pour son talent dans la prédication. Il est l'auteur de plusieurs textes ou dissertations savantes et fut en contact régulier avec Leibniz.

6   : Lettre Bierling Leibniz

La correspondance dont je parle dans le texte peut se trouver dans la préface des "Dialogues entre le Baron de Lahontan et un sauvage", de l'édition lux éditeur 2010.

7   : Lahontan

Né à Bayonne le 9 juin 1666 et mort en 1716 à Hanovre, Louis Amand De Lom D'arce de son vrai nom, fut un observateur, écrivain et ethnographe. C'est en 1683 qu'il appareille pour le Canada, en tant qu'officier de marine. Il doit ce grade à son titre de noblesse. Entre 1683 et 1694, il sert au Canada et participe à de nombreuses expéditions au sein des tribus alliées des Français. Malgré des polémiques sur la complète exactitude de ses écrits à l'époque, ses ouvrages servent aujourd'hui de référence au Québec, dans l'étude des sociétés autochtones traditionnelles. Parmi ces principaux ouvrages : "Dialogues de Mr le Baron de Lahontan avec un sauvage", "Mémoires de l'Amérique septentrionale", "suite aux voyages du Baron de Lahontan".

8   : Pierre Bayle

Né à Carla le comte le 18 novembre 1647 et mort à Rotterdam le 18 décembre 1706, Pierre Bayle est un écrivain et philosophe français. Il est le premier à libérer les doctrines morales de leurs bases religieuses. Bayle envisage des propositions fondamentales de la morale comme une "loi éternelle" non pas d'origine divine, mais plutôt comme le fait fondamental de la nature. Selon Kropotkine et toujours dans son ouvrage sur l'éthique, Bayle peut être considéré comme précurseur des encyclopédistes du 18ème.

9   : Hobbes

Né le 5 avril 1588 à Westport Angleterre, et mort le 4 décembre 1679, à Hardwick Hall, Thomas Hobbes est un philosophe anglais dont l'œuvre majeure est "Leviathan". Selon Hobbes, "l'homme est un animal mauvais ne sachant mettre aucun frein à ses passions". Au sujet des peuplades d'avant l'avènement des états, Hobbes pense que l'esprit même dont l'homme est doué l'empêche de former des sociétés. C'est en raison de cet esprit que tout homme est l'ennemi de son prochain. De là, un état constant de guerre de tous contre tous. L'homme n'en sort que s'il est assujetti par un autre homme ou qu'un groupe d'hommes prend le pouvoir.

10 : Lewis Henry Morgan

Né le 21 novembre 1818 dans l'État de New York, et mort le 17 décembre 1881 à Rochester, Lewis Henry Morgan est considéré comme le père de l'anthropologie. Il est le premier à avoir élaboré une étude sur les systèmes de parenté. Il vécut un moment au sein de la tribu des Seneca, tribu iroquoise, et fit une étude de leur société. Parmi ces ouvrages principaux : *Ligue of the Ho-de no Seau nee ou Iroquois,* Rochester, 1851. *Systems of Consanguinity and Affinity of the Human Family*, Washington, 1871. Ancien Society, or *Researches in the Line of Human Progress from Savagery, through Barbarism To Civilization*, London, Macmillan and Co, 1877.

11 : Engels

Né le 28 novembre 1820 à Barmen (Wuppertal), et mort le 5 août 1895 à Londres, Friedrich Engels fut un philosophe et théoricien Allemand, et grand ami de Karl Marx. Il a été militant de la Ligue des communistes et de l'Association internationale des travailleurs. C'est à partir de brouillons et de notes laissées par Marx dans son étude des œuvres de Lewis Henry Morgan, qu'Engels a écrit "L'Origine de la famille, de la propriété privée et de l'état" en 1884.

12 : Kondiaronk

Surnommé le Rat par les Français pour ses aptitudes dans les stratégies aussi bien guerrières que politiques, Kondiaronk vécu entre 1649 et 1701. Il mourut en août 1701 à Montréal, pendant les négociations de "la grande paix de Montréal" ; Ses funérailles eurent lieu le 3 août. Certains historiens pensent que Kondiaronk a pu être le "sauvage" dont le Baron de Lahontan parle dans ses "Dialogues...".

13   : Denonville

Né le 10 décembre 1637 et mort le 22 septembre 1710 à Denonville, Jacques-René de Brisay, marquis de Denonville, est un militaire et un administrateur Français. Il mène toute sa carrière d'abord dans les dragons de Louis XIV, puis en tant que Gouverneur de la Nouvelle France du 1er août 1685 aux 12 août 1689

14   : Paul de Tarse

(Saint Paul) Né en 10 à tarse (Turquie) et mort aux environs de 64. Paul de Tarse qui porte aussi le nom juif de Saul, est le véritable modèle sur lequel est née l'idéologie chrétienne dont je parle dans le texte. Bien que ne faisant pas partie du groupe des 12 apôtres, Paul revendique la qualité d''" apôtre " dans certaines de ses épîtres. Ce mot, apôtre, désigne un envoyé. Les Églises chrétiennes lui reconnaissent d'ailleurs pleinement le titre d'apôtre de Jésus-Christ. C'est en cheminant vers Damas, que Saul en recevant un choc à la tête, apparemment en tombant, au sortir d'une assez longue torpeur aurait vu la lumière. Pour ma part, il m'est quand même difficile de reconnaître l'aspect compassionnel et la justice du Jésus des origines, à moins que l'on ne parle pas du même, dans les textes de Paul de Tarse. N'empêche qu'il est indéniablement le fondement de l'idéologie.

15   : Constantin

Né le 27 février 272 à Mésie, il meurt le 22 mai 337 à Nicomédie. Proclamé 34ème empereur romain de 306 à 337. Il règne sous le nom de Constantin 1er. C'est par l'édit de Milan en 313, qu'il aide l'Église chrétienne à prendre son essor. Mais le plus important pour la suite, c'est qu'il place le Dieu chrétien au-dessus de son rôle d'empereur. Par le biais de cet agissement, il transforme alors la religion chrétienne en la faisant passer de religion des opprimés, à religion d'État, c'est-à-dire à la religion des puissants. C'est le début du programme. Avec ensuite la hiérarchisation de l'église sur un modèle quasi féodal, Constantin assoit un organe spirituel faisant autorité, et parallèle aux structures du pouvoir en place. Finalement, chez lui, tout était devenu chrétien sauf ses mœurs...mais ça, ce n'est pas le sujet du texte.

16   : Dee Brown

Né le 28 février 1908 à Alberta en Louisiane, Dee Brown décède le 12 décembre 2002, à Little Rock, Arkansas. C'est de par ses liens d'amitié avec plusieurs Amérindiens qu'il prend conscience de l'aspect complètement biaisé de l'histoire amérindienne dans les westerns américains. Brown travaille d'abord comme journaliste à Harrison (Arkansas), puis, après avoir servi dans les rangs de l'armée américaine durant la Seconde Guerre mondiale, il dirige la bibliothèque agricole de l'Université de l'Illinois, institution où il acquiert un diplôme en science des bibliothèques. Il devint ensuite professeur. En 1871, il écrit son œuvre principale "Bury my heart at wounded Knee". Cette œuvre fera prendre conscience à beaucoup d'Américains moyens, une tout autre réalité de l'histoire de la conquête.

17   : Chumash

Les Chumash sont un peuple amérindien qui vivait principalement le long de la côte sud de la Californie. La population des Chumashs aurait été évaluée à environ 8 000 Amérindiens avant les effets de la première christianisation et mise en esclavage en 1771, qui fit environ 4000 morts. Les restes des Chumashs furent décimés lors des " chasses à l'indien ", organisées par les colons américains pendant le 19ème siècle.

18   : Alfred Taïaïake

Né à Montréal en 1965, Alfred Taïaïake est un intellectuel Mohawk et un professeur à l'Université de Victoria. Il est le cofondateur avec Jeff Corntassel du programme d'études sur la gouvernance autochtone. Ce programme permet d'ailleurs le développement d'une intelligentsia autochtone.

Ses travaux sont orientés vers la décolonisation des peuples autochtones et soulignent la contemporanéité du colonialisme au Canada. Taiaiake s'attache à mettre en lumière les philosophies traditionnelles autochtones au sein des nations haudenausonee et prône leur mise en pratique quotidienne dans une optique de résurgence autochtone. Ses ouvrages : 1999 : *Peace, Power, Righteousness : an Indigenous manifesto*, Oxford University Press (Canada). 1999: *Heeding the Voices of our Ancestors* : *Kahnawake Mohawk Politics and the Rise of Native Nationalism,* Oxford University Press (Canada). 2005 : *Wasase : Indigenous pathways of action and Freedom, Peterborough,* Broadview Presse.

19 : Gilles Havard

Né en 1967, Gilles Harvard est un historien français. Il est un spécialiste de l'histoire de la Nouvelle France. Il est chargé de recherche au CNRS et est membre du CENA (Centre d'études nord-américain).

La Grande Paix de Montréal de 1701. Les voies de la diplomatie Franco-amérindienne, Montréal, Recherches amérindiennes au Québec, 1992

The Great Peace of Montréal of 1701 : French-Native Diplomacy in the seventeenth Century, Montréal, Mc Gill-Queen's University Press, 2001

Avec Cécile Vidal, Histoire de l'Amérique Française, Paris, Flammarion, 2003

Empire et métissages : Indiens et Français dans le Pays d'En Haut, 1660-1715, Sillery/Paris, Septentrion/Presses de l'Université de Paris-Sorbonne, 2003

20 : Cécile Vidal :

Cécile Vidal est historienne, maître de conférences à l'EHESS. Ses travaux portent sur l'histoire atlantique et sur l'histoire de la colonisation et de l'esclavage en Amérique du Nord, en particulier en Louisiane française et espagnole au XVIIIe siècle. Elle est l'auteure, en collaboration avec Gilles Harvard, de l'Histoire de l'Amérique française.

21 : Histoire de l'Amérique Française

Les auteurs entendent couvrir la période où la plus grande partie de l'Amérique du Nord était française, c'est-à-dire du début du XVIIe siècle à la session de la Louisiane en 1803. Au contraire de nombreux ouvrages d'analyses historiques, ce livre extrêmement documenté, se lit comme un livre d'aventures. Un tourbillon d'histoires d'une richesse méconnue.

22 : Épîtres aux Corinthiens (extrait sur la place de la femme)

Mais je veux que vous sachiez que le Christ est le chef de tout homme, que l'homme est le chef de la femme, et que Dieu est le chef du Christ. Tout homme qui prie, ou qui prophétise, ayant la tête couverte, déshonore sa tête. Mais toute femme qui prie, ou qui prophétise, sans avoir la tête voilée, déshonore sa tête; car c'est comme si elle était rasée (ah bon?). Car si une femme n'est pas voilée, qu'elle se coupe les cheveux. Mais s'il est honteux pour une femme d'avoir les cheveux coupés ou rasés, qu'elle se voile la tête. L'homme ne doit pas se voiler la tête, parce qu'il est l'image et la gloire de Dieu; mais la femme est la gloire de l'homme. Car l'homme n'a pas été tiré de la femme, mais la femme a été tirée de l'homme; et l'homme n'a pas été créé pour la femme, mais la femme pour l'homme. C'est pourquoi la femme, à cause des Anges, doit avoir sur sa tête la marque de la puissance de l'homme. Toutefois, l'homme n'est pas sans la femme ni la femme sans l'homme, dans le Seigneur. Car de même que la femme a été tirée de l'homme, ainsi l'homme existe par la femme, et tout vient de Dieu. Jugez-en vous-mêmes: est-il convenable qu'une femme prie Dieu sans être voilée? (aucune idée...) et la nature même ne vous enseigne-t-elle pas que c'est une honte pour un homme de laisser croître ses cheveux (là je suis mal...), mais que si la femme les laisse croître, c'est une gloire pour elle, parce que les cheveux lui ont été donnés en guise de voile? Si quelqu'un se plaît à contester, nous n'avons pas cette habitude, et l'Église de Dieu non plus (ça, ça a du plaire à Constantin).

23 : Edward Bernays

Né à Vienne, en Autriche le 22 novembre 1891, et mort à Cambridge le 9 mars 1995, Massachusetts, le 9 mars 1995, Edward Bernays est le neveu de Sigmund Freud. Considéré comme le père de la propagande politique institutionnelle, il est l'inventeur de l'industrie des relations publiques, autrement dit, de la manipulation de l'opinion publique, grâce aux nouvelles techniques de communication. À l'instar de Walter Lippmann qui fut l'inventeur du terme " fabrication du consentement ", Bernays prône un style de démocratie ou la population ne doit être que spectatrice, et son comportement systématisé. Il fut d'ailleurs un auteur très apprécié et un modèle pour Joseph Goebbels.

24 : Kropotkine

Né le 9 décembre 1842 à Moscou, il est décédé le 8 février 1821 à Dmitrov.
Activiste, théoricien, écrivain, scientifique et géographe, il est incarcéré en 1874 à Saint- Pétersbourg pour activités révolutionnaires, et à Lyon en 1883 à la suite de grèves ouvrières. Il est gracié en 1886.
Les premières bases théoriques de l'anarchisme ont été élaborées, quelques années auparavant, par Charles Fourier, Pierre Joseph Proudhon, James Guillaume et Michel Bakounine. En synthèse, elles affirment la collectivisation des moyens de production gérés par des sociétés ouvrières, un salaire en fonction du travail réalisé par chacun, l'hostilité à la religion, le remplacement de l'État et du gouvernement par l'autogestion et le fédéralisme. Le thème central des travaux de Kropotkine concerne

l'abolition de toute forme de gouvernement remplacé par la libre fédération des groupes de producteurs et de consommateurs organisés sur les principes d'entraide, de libre entente et de coopération. Parmi sa trentaine d'œuvres principales, "La conquête du pain" (1892), "L'entraide comme facteur de l'évolution" (1902), "L'éthique" (1921).

25   : Henry le navigateur
Né le 4 mars 1394 à Porto, est décédé le 13 novembre 1460 à Sagres. Également appelé Infante Dom Henrique, il est souvent considéré comme l'une des figures les plus importantes du début l'expansion coloniale européenne. Fils de Jean 1er du Portugal, il n'a quasiment jamais navigué, et son surnom est plutôt de titre honorifique pour ses nombreux mécénats et financements d'expéditions. À partir de 1420, il est le gouverneur du riche " Ordre du Christ", successeur portugais de " L'ordre du Temple ". C'est de là qu'il tire les revenus nécessaires aux financements des campagnes et expéditions.

26   : Jomo Kenyatta
Né le 20 octobre 1894 en Afrique Britannique, il meurt les 22 août 1978 à Mombasa au Kenya. Il est le premier président de la République du Kenya entre 1964 et 1978.

27   : Gustavo Gutierez
Né le 8 juin 1928 à Lima au Pérou Gustavo Gutierrez est un prêtre, philosophe et théologien péruvien considéré comme le père de la théologie de la libération. Quelques-unes de ses œuvres :
Réinventer le visage de l'Église, Cerf, Paris, 1972.
Essai pour une théologie de la libération, Profac, Paris, 1972.
Théologie de la libération, Lumen Vitae, Bruxelles, 1974.
La force historique des pauvres, Cerf, Paris, 1985.
La libération par la foi, boire à son propre puits, Cerf, 1985.

28 : Helder Camara

Né le 7 février 1909 à Fortaleza au Brésil, il meurt les 27 août 1999 à Recife. Helder Camara est un évêque catholique brésilien, archevêque d'Olinda de Recife de 1964 à 1985. Il est connu pour sa lutte contre la pauvreté dans son diocèse et dans le monde. Helder Camara critique la dictature militaire brésilienne, qui le surnomme "l'évêque rouge", ce qui lui fit dire : "Je nourris un pauvre et l'on me dit que je suis un saint. Je demande pourquoi le pauvre n'a pas de quoi se nourrir et l'on me traite de communiste."

29 : Noam Chomsky

Né le 7 décembre 1928 à Philadelphie;

Noam Chomsky est un linguiste et philosophe américain. Professeur émérite de linguistique au MIT de Boston où il a enseigné toute sa carrière. Il a fondé la linguistique générative. Il s'est fait connaître du grand public, à la fois dans son pays et à l'étranger, par son parcours d'intellectuel engagé de tendance anarchiste. Génie de la linguistique et implacable analyste de la propagande moderne, il est l'un des intellectuels les plus cités au monde. Dans la multitude d'ouvrages à son actif : " la fabrication du consentement ", "Comprendre le pouvoir", "de la propagande", etc.

30 : L'église charisme et pouvoir.

Dans cet ouvrage et parmi les critiques principales émises par son auteur Leonardo Boff, on y trouve le questionnement sur l'existence d'une église hiérarchisée dans le souhait de Jésus Christ ce que Leonardo appelle, la mondanisation de l'église dans le style romain et féodal.

31 : Filippo Santoro

Né le 12 juillet 1948 à Carbonara di Bari, c'est un archevêque Catholique italien. Il écrit un article au sujet de la conférence d'Apparecida de 2007, et y parle de la performance de Bergoglio. Cet article est repris sur le site www.chiesa.espressonline.it, en voici le début : La libération qui vient de l'évangile, par Filippo Santoro

Le magistère et l'action pastorale du pape François sont le fruit mûr de la conférence générale de l'épiscopat latino-américain qui a eu lieu au Brésil, dans le sanctuaire marial d'Aparecida, au mois de mai 2007 et dont le cardinal Jorge Mario Bergoglio a été un protagoniste de premier plan. Cette conférence d'Aparecida a indiqué que le "disciple missionnaire" était le personnage qui assurait la présence de l'Église dans la société afin que les peuples latino-américains aient pleinement la vie. Un personnage, c'est quelqu'un qui est conscient de lui-même, de son originalité et de sa mission. Le personnage nouveau qui est à l'origine de la libération chrétienne naît de quelque chose qui est différent du pur dynamisme naturel, il n'est pas le fruit de l'effort de l'homme et pas non plus celui de la programmation pastorale.

L'originalité est donnée par l'irruption de l'Esprit dans l'histoire. C'est de là que vient la force prophétique de l'Église latino-américaine, qui fait sienne la mission proclamée par Jésus à la synagogue de Nazareth : " L'Esprit du Seigneur est sur moi parce qu'il m'a consacré par l'onction. Il m'a envoyé porter la bonne nouvelle aux pauvres (Lc 4, 18) (...) "

32 : Hopis

Les Hopis (contraction de Hopitu-shinumu, "le peuple de la paix" en Français) font partie du groupe amérindien des Pueblos d'Amérique du Nord. Voisins des Apaches, des Navajos, des Papagos, et des Zuñis, les Hopis vivent dans le nord-est de l'Arizona, dans la région des Four Corners, une région très aride. Dans des textes anciens, le peuple est souvent appelé Moki ou Moqui. Ils sont considérés par beaucoup de tribus comme détenteurs d'un savoir sacré.

33 : Kokopelli
Entité au dos bossu et jouant de la flûte, symbolisant la fertilité et la prospérité pour les Indiens Pueblos. Ce Bossu joueur de Flûte possède cependant un double aspect. Il peut en effet aussi séduire les jeunes femmes en jouant de la flûte.

34 : Cheyennes
L'une des plus célèbres et importantes tribus d'Indiens des plaines.
Dans leur langue maternelle, ils se nomment " Tsitsistas ". La nation Cheyenne est composée de l'union de deux tribus, les Tsitsistas et les Sotaae'o. Elle incluait dix bandes, dont les territoires s'étendaient sur l'ensemble des Grandes Plaines, du sud du Colorado aux Black Hill dans le Dakota du Sud. Au début du 19ème siècle, la tribu s'est séparée en deux groupes : celui du Sud restant près de la Platte river et celui du Nord vivant près des Black Hill à proximité des tribus Lakotas.

35 : relocations Act
Loi de 1956, par laquelle le gouvernement américain encourage les Indiens à gagner les grandes villes et à acquérir les compétences nécessaires à l'obtention de métiers citadins. En pratique, à une époque de diminution des subventions aux réserves indiennes, le gouvernement se proposait de payer les déménagements et les frais nécessaires à l'acquisition de compétences. Comme je l'expliquerai dans le deuxième volet de l'essai, le relogement était souvent proposé dans des zones aptes à subir l'expropriation par de futures entreprises, et les acquisitions de compétences proposées, n'offraient guère de perspectives de carrière.

36 : Rosebud
La réserve de Rosebud a été établie en 1889 pour la tribu des Sicangu Lakota ou " Brûlés sioux ". Elle comprend environ 1500 habitants, et se trouve dans le

Dakota du Sud. Elle est mitoyenne de la réserve de Pine Ridge, et de la frontière avec le Nebraska.

37   : Navahos (Navajos)
Les Navajos (ou Navahos) constituent un peuple amérindien d'Amérique du Nord de la famille linguistique athapascane et de la zone culturelle du Sud-Ouest. Les Navajos vivent aux États-Unis, dans des réserves du nord-est de l'Arizona et des régions contiguës du Nouveau-Mexique et de l'Utah. Ils sont étroitement apparentés aux Apaches.

38   : Danse du Soleil.
Cérémonie répandue chez tous les Indiens des plaines, c'est chez les Sioux qu'elle a sa version la plus radicale, avec percement de la chair de la poitrine et du dos et offrandes de lambeaux de peau. C'est la cérémonie la plus importante chez les Indiens des plaines, elle a lieu une fois l'an, entre les mois de juin et août.

39   : Crow Dog 1833 – 1912
Personnage important chez les " Brûlés Sioux ", il a été
l'un des principaux propagateurs de la danse des Esprits, qui, incompris par les colons qui la prenaient
pour une incitation à la révolte, est devenu l'une des
causes du contexte ayant entraîné le massacre de
Wounded Knee, fin décembre 1890.

40   : Spotted Tail 1823 - 1881
Chef Lakota Sioux de la tribu des "Brûlés Sioux". Bien
qu'un grand guerrier dans sa jeunesse, il a été convaincu de l'inutilité de continuer les combats contre l'en-
vahisseur blanc, et est devenu un porte-parole politique très écouté. Il est mort assassiné par Crow Dog
en 1881, pour des raisons encore sujettes à controverse.

41   : BIA (Bureau of Indian Affaires)
Le bureau des affaires indiennes est une agence
gouvernementale fédérale dépendant du ministère de
l'Intérieur, qui est chargée de la gestion des territoires
occupés par des réserves indiennes. Il a été créé en 1824.

42   : Rudolf Rocker
Né à Mayence le 25 mars 1873 et décédé à Mohegan
(Maine USA) le 19 septembre 1958. Activiste anarchiste,
historien, écrivain.
Pour lui, " Alors que le socialisme libertaire ou anarchisme s'est rattaché à la doctrine libérale des traditions
humanistes et a approfondi la question de la liberté
jusqu'au bout, le socialisme autoritaire rappela à la vie
des philosophies absolutistes auxquelles les révolutions
des XVIIe et XVIIIe siècles avaient tordu le cou ".
L'autoritarisme socialiste porte la lourde responsabilité
d'avoir ouvert la voie " à la réaction nouvelle pour abou-
tir à l'État totalitaire ". Le rejet du capitalisme chez
Rocker s'accompagne d'un regard très critique sur les
formes dominantes de socialisme : "Ces deux extrêmes,
l'impérialisme capitaliste avec la domination de ses car-

tels économiques et les courants socialistes avides de dictature, ont des points de contact communs". Pour contrer le nationalisme et le totalitarisme, dont il déplore l'attraction sur les milieux ouvriers, un socialisme de la liberté est à réinventer.

Définition de l'anarchisme pour Rocker :L'anarchisme n'est pas une solution brevetée pour tous les problèmes humains, ni une Utopie ou un ordre social parfait, ainsi qu'il a souvent été appelé, puisqu'il rejette en principe tout schéma et concept absolu. Il ne croit en aucune vérité absolue, ou but défini pour le développement humain, mais dans la perfectibilité illimitée des arrangements sociaux et des conditions de vie humaines, qui sont toujours tirées vers de plus hautes formes d'expression, et auxquels pour cette raison on ne peut assigner aucune fin déterminée ni poser aucun but fixé. Le pire crime de n'importe quel type d'état est justement qu'il essaye toujours de forcer la riche diversité de la vie sociale à des formes définies, et de l'ajuster à une forme particulière qui ne permet pas de perspective plus large, et considère les excitants états précédents comme terminés.

43   : Samuel de Champlain.
Né entre 1557 et 1574 à Brouage, et décédé le 25 décembre 1635 à Québec.
Navigateur, cartographe, explorateur, soldat, il est le premier à avoir entériné une véritable alliance entre Français et Autochtones, en 1603.

44   : Dupont Gravé
Né en 1500 à St Malo, il est décédé en mer en 1629.
Navigateur, François Gravé, Sieur du Pont était avec Samuel de Champlain lors de la Tabagie de Tadoussac, cérémonie ayant entériné l'alliance Franco Autochtone au Québec en 1603.

45   : Hurons
Les   Hurons-Wendat   en   langue   Wendat   sont   une

première nation de famille linguistique iroquoienne, présents dans le sud de l'Ontario au Canada, à l'arrivée des européens. Le nom "Huron" leur a été donné par les premiers arrivants français à cause de la coiffure des hommes, semblable à celle des Mohawks et des Ojibwés, qui rappelait la hure du sanglier femelle en France. Lors du premier contact Franco Wendat au 17ème (1609), les Hurons étaient, d'après les premiers Européens entrants en contact avec eux, organisés en une confédération de cinq tribus ou peuplades distinctes : les Attignawantan, les Attignaenongnehac, les Arendaronon, les Tahontaenrat et les Ataronchronons.

46   : Discours Jefferson
En substance, Jefferson n'hésitait pas à expliquer la logique ou plutôt sa logique de l'extermination des Natifs Américains, en illustrant la situation par le fait que, les Indiens attaquant les colons par ce que ces derniers leur prenaient tout, et que c'était donc logique qu'ils se défendent, dans ce contexte de " destinée manifeste " il était donc logique de les exterminer.

47   : Père Charlevoix
Né le 30 octobre 1682 à St Quentin, est décédé le 1er février 1761 à La Flèche. Historien jésuite, professeur et voyageur, il arrive en Nouvelle France en 1720, et y parcourt pendant quelque temps les divers territoires. En 1744, il publie *l'Histoire de la Nouvelle-France,* d'après l'étude de différents auteurs et d'après ses observations personnelles.

48   : Récollet Sagard
Le récollet Sagard est un missionnaire français né en 1590, et mort en 1640. Historien religieux du Canada, il laisse une description de la Nouvelle France où il séjourne de 1623 à 1624.

49   : Pierre Clastres
Né le 17 mai 1934 à Paris, il est décédé le 29 juillet 1977 à Gabriac.
Anthropologue et ethnologue français. Il est notamment connu pour ses travaux d'anthropologie politique, ses convictions et son engagement libertaire et sa monographie des Indiens Guayaki du Paraguay. Il est l'auteur de nombreux textes, dont "la société contre l'État"

50   : Jean-Pierre Bastian
Né le 24 mai 1947 à Alès dans le Gard, il est professeur de sociologie des religions. Faculté de Théologie protestante, université de Strasbourg.

51   : Little Big Man
Réalisation : Arthur Penn, Scénario: Calder Willingham, Acteur principaux : Dustin Hoffman ; Faye Dunaway, Dan George. Sortie en 1970. Scénario : âgé de 121 ans, Jack Crabb (Dustin Hoffman) se penche sur son passé et raconte à un historien (William Hickey) sa vie aventureuse, depuis son adoption par les Cheyennes dans les années 1860, alors qu'il n'était qu'un jeune enfant, jusqu'à sa participation à la défaite du général Custer lors de la bataille de Little Big Horn le 25 juin 1876.

52   Dekanawida
Personnage à l'origine de la constitution iroquoise. Selon certaines sources, il viendrait de la Nation des Onondaga, et selon d'autres sources, il serait Huron. La patte de la christianisation se repère aussi dans certaines autres sources qui le donneraient de mère Huronne, vierge, et lui ayant donné naissance miraculeusement...restons sérieux.

53   : Howard Zinn
Né le 24 août 1922 à Brooklyn New York, il est décédé le 27 janvier 2010 à Santa Monica, à la fin d'une   confé-

rence et en se rendant à une manifestation. Historien et politicologue américain, il a été professeur au département de sciences politiques de l'université de Boston durant 24 ans. Pendant la Seconde Guerre mondiale, il s'engage dans l'armée de l'air et est nommé lieutenant bombardier navigant. Son expérience dans l'armée a été le déclencheur de son positionnement politique pacifiste qui élève au rang de devoir la désobéissance civile... Il a été un acteur de premier plan du mouvement des droits civiques et du courant pacifiste aux États-Unis. Auteur de vingt livres dont les thèmes (monde ouvrier, désobéissance civile et " guerre juste " notamment) sont à la croisée de ses travaux de chercheur et de son engagement politique, il est particulièrement connu pour son best-seller publié en 1980 deux histoires populaires des États-Unis, qui " l'a consacré comme l'un des historiens américains les plus lus, bien au-delà des campus Américains ".

Ouvrages de référence

"God is red" - Vine Deloria (Fulcrum publising Golden Colorado)

"Custer died for your sins" - Vine Deloria (Mcmillan Publishing company)

"Dialogues de Mr de Lahontan avec un sauvage" - Baron de Lahontan (Lux editeur)

"Les nouveaux voyages du Baron de Lahontan" - Baron de Lahontan (Archives internet, 1ère édition scannée)

"La Suite aux voyages du Baron de Lahontan ou les Nouveaux voyages dans l'Amérique septentrionnale" - Baron de Lahontan (Archive internet, 1ère édition scannée)

"L'origine de la famille, de la propriété privée et de l'état" - Engels (Un document produit en version numérique par Gemma Paquet Professeure à la retraite du Cégep de Chicoutimi – Québec Canada)

"Enterre mon cœur à Wounded Knee" - Dee Brown (Editions Stock)

"Wasase"- Alfred Taïaïake (Peterborough, Broadview Press)

"Histoire de l'Amérique Française" - Gilles Havard – Cécile Vidal (Flammarion)

"Propaganda" - Edward Bernays (H.Liveright)

"L'enraide comme facteur de l'évolution" - Kropotkine (Éditions invisibles)

"L'éthique" - Kropotkine (Editions Invisibles)

"De la propagande" - Noam Chomsky (Entretien Poche)

"Le Livre du Hopi" - Frank Waters (Éditions du Rocher)

"La liberté par en bas" - Rudolf Rocker (A contretemps)

"La société contre l'état" - Pierre Clastres (Éditions de Minuit)

"Une Histoire populaire des États-Unis" - Howard Zinn (Agone)

"Désobéissance civile et Démocratie" - Howard Zinn (Agone)

"Black Elk Speaks" - John G. Neirhardt (Excelsior Edition)

"Pagans in the Promised Land: Decoding the Doctrine of Christian Discovery." Steven T. Newcomb (Fulcrum Publishing)

Remerciements :

Cyrielle "Hulkette" JOËT - Aurore VALLEE - Géraldine THEBAULT - Céline JAUSSELY - Yves GALLEGO - Fabienne PASCAL - Laurent JUILLET - Jean Luc PUJO - Wilma JANIS THIN ELK et la famille THIN ELK de Rosebud - Bruno BRAVO - Noam CHOMSKY - Le collectif *Résistance 71* pour son énorme travail de publication et traduction.